醒了，睡了

一个重患家属的心护日记

上国人 著

人民日报出版社

自　序

我在妻子确诊得了重病的那刻起，人就变得异常镇定。我做起了患者和患者家属。

现在看起来，我们把自己这样定位很重要。一切且行且为的实践都是以我们共同的名义开始，一个是心病，一个是身病加心病，我们都是患者，都面临祛病的任务。

"以病为师"，我们首先彻底抛弃了十几年来已渐成的奢华之恶习，重新过起了朴实的生活。我们注意到自己的生活有改善，其实就是返朴归真，但这恰恰利于健康。和心智在一个成熟的精神模式里煅炼成长的必要一样，是一点点积累了我们的自信。

如果说放生能救人性命的话是对的，我们确已走出了一段距离。我们非常热切地向大家推荐，是我们隐隐约约地悟到，以前没法确定的希望原来是自己可以掌握的。

如果一切皆有因果的话，它已给我们带来乐观的生命前途的展望。它同时影响了今日里我们的方方面面，给我们带来了思想与行动的畅通。现在，我们至少是已经开始有信仰地生活了，能从对病情和死亡的恐惧中慢慢地解脱出来。

我们有出书的想法，大多考虑是因为责任。许多人不会顾及我们这个群体的苦悲感受，是因为他们还不知道我们认识到的"苦难是醒着的，它或许就在身边"这个道理。

我们要让心怀喜悦的改变成为习惯，通过改变来获取自己有质地的健康。让我们有自返心的人生每一天不是在疲于应付，而是在做公益。我们把两年来日记中的一部分整理起书的目的，是希望看到每个人的生命都有解。

健康属于大家。未来属于大家。

上国人
2015.12.8 于杭州

目　录

卷一　最初的温暖

003　　少年的温暖
005　　回家过年
007　　药　方
012　　三伯父
015　　松　塔
021　　命　街

卷二　歌山画水

027　　母亲的生活
030　　白皮黄瓜
032　　海螺山上
035　　自然的感动
038　　董郎岗一日
041　　到河口湖

卷三　牛　们

045　　　　大黄牛
048　　　　画水溪边的牛市
050　　　　牛的命运
051　　　　一头反叛的牛

卷四　一个人的倾听

055　　　　梦　见
057　　　　狗吠声与乌鸦声
059　　　　湿润的蛙鼓
060　　　　妻子的呼噜声
061　　　　今晚的倾听
062　　　　自然的脚步声
063　　　　定山溪的虫鸣
064　　　　艺术的钻机声
065　　　　台风的态度
066　　　　继续倾听
067　　　　即将辗碎的虫鸣

卷五　两个人的自返

- 071　生活的自返
- 072　寻找热情
- 073　真正的满足
- 074　解脱的感觉
- 075　老照片
- 076　不期望更好的结果
- 077　木架的倒塌
- 078　洞　见
- 079　敞户睡觉
- 080　状态中
- 081　雷雨中出行

卷六　一群人的喜悦

- 085　启　蒙
- 086　第一次
- 087　喜　悦
- 088　失联航班
- 089　冷漠的看客
- 090　甲鱼之死

091　给自己放生
092　什么最重要
093　世上最早的放生池
094　一缕暖阳

卷七　大家伙的制约

097　葛　西
098　低声低语
099　浅草寺的草
100　老　人
101　榻榻米
102　洞爷湖
104　神　社
105　樱　花
106　清水寺
107　玉川上水
108　奴　性
109　无住留的美

卷八　我对你说

- 113　答案是没有的
- 114　今天面对的一切
- 115　深度和广度
- 116　自信的源泉
- 117　取得成功的办法
- 118　活在当下　理解生活
- 119　抹　茶
- 120　用　心
- 121　谁该抚慰谁还不一定呢

卷九　最该做的事

- 125　懂得放弃
- 126　刻意会造成伤害
- 127　不耗费
- 128　活泼与挣扎
- 129　不以食为乐
- 130　厌倦今天之心
- 131　坏利润
- 132　放弃也是慈善

133　寂静与美
134　我还有什么可以放弃
135　不费力的人生
136　真爱有方向

卷十　人生成为爱好

139　隐居之心处世
140　竞争中保持善念
141　付出就会有回报
142　淳朴是爱
143　冲突可以重生
144　垂死过程的浪漫看法
145　相爱是美好，相处也是美好
146　好运是爱
147　没有了寂寞
148　专属领地
149　未来的开端

卷一　最初的温暖

题　记

这里有祖母、外婆的温暖，
　是我认识生命的开始。

少年的温暖

我的少年时代，村里有个叫本言的孤老头，他三天两头给我们讲鬼的故事。每次我既好奇又害怕地听着，并迅速地与自家堂屋楼上那两具木棺联系在一起，这是祖父母早年为自己预置的。

"文革"开始，我命中有劫地生了一场脑膜炎。按当时的医疗条件，即便是能百里逃一幸存下来，也会落下个终身残疾。我却死而逃生，还没有留下什么后遗症，而且我以前是三天两头生病，自此也绝少生病了。这在我信佛的祖母看来，是因为我还有前世留下的缘孽未清，需这辈子来再续因果。

我住在同村的外婆家时，她跟祖母一样信佛。外婆总是一边念佛，一边为我做早餐。她生下小舅后外公就病故了，家庭条件自然没有祖父家好。给外婆作厨房加猪圈的泥屋是小舅自己垒起来的，极其简单。

早上，阳光从东边的小小的窗口照进来，外婆的身影轮廓影约，如雾如霭，显得格外扑朔迷离。我就坐在灰堂凳上烧火，松毛细一撮一撮地往锅灶里添时，身与心都是暖暖的。哪怕是几十年后的今天，我都会被火烧起来的美景所激动，仿佛是一部蛮好看的3D电影画面吸引我有滋有味地看着，我的心情是绝对的愉悦。偶尔，还会用火钳撩拨一下，若有所思。我喜欢久久地坐着，直到外婆叫我，我才像梦中醒来，原来该去上学了。

村口有个同样极其简易的泥瓦房，据说以前这里有过一个佛殿,后来被破"四旧"了。我会自觉地站在门口朝里拜上几拜,嘴里"阿弥陀佛"地念上几句,然后,一路小跑地经过一段山路。我确定我此刻是没有了害怕,因为总觉得有一双慈祥的眼睛看着我,有一团燃烧的火在为我壮胆。

　　这是我最初的记忆。记忆里有祖母、外婆真心的温暖,也有启蒙后的召唤,这也恐怕是我认识生命的开始。

回家过年

人在囧途,颠簸的是命运。我年轻时,也有过几次回家过年的经历。

我最早工作的地方是在庆元,那时候它刚刚从龙泉分县,交通不很方便,在商业部门工作的伯母给我联系了一辆便车。车到我厂门口时已经晚上九点多,我好不容易爬上去,却发现大篷车里面已经塞满了人。我是一只脚踏在里面,一只脚掛在外头,双手死抓住钢管情况下开始回家之旅。

那年我十七,车开了个把小时就已困得不行。天下着雨加雪有一些些打在脸上,全身冷得发抖。我告诫自己不能睡去了,一定要拉紧,尤其是转弯时。快天亮时,我总算有了一个容身的空间。

不想,我却再也不想睡了。我竟然风马牛不相及地感恩起祖父来,是他在故乡的门口塘边上一棵枇杷树,让我自小爬上爬下练就了握树杆的能力,昨晚能把冰凉的钢管握出了温度。

三百六十行,火车押运算不算一行?我借父亲在铁路上的方便,也曾经有过几次押运经历。有一次,是从南宁到金华,一次可得95元押运费,算的上是美差。

车在广西大地疾驶,盆景一样的山峰,白白的桉树,成片的蔗林都是我爱看的。然后,时候久了我才知道,我实际上是被囚禁了,一个人需呆五六天。我必须蜷曲着,以装满白糖的麻袋包为墙、凳、床,特别像越战时的"猫儿洞"。父亲曾叫我带上几本书，提上一个热水瓶和几盒干食，一天下来就基本派不上用场。

  车到编组站，我不敢离开，千篇一律的车厢和车子不知道什么时候会走，都是担心的原因。有人却转悠过来了，手里拿着小刀在兜售，眼睛贼溜溜地扫瞄着车厢。深夜，车入湘界，父亲提醒过的"铁路游击队"真的上来了，一个影子正在前面的车上往下抛东西。我双手合十，不停地祈求阿弥陀佛的保佑，心里笃信佛能够逢凶化吉。影子折腾了几下后真的跳下去了，火车呼啸着通过了一个隧道口。

  我认为这是上天在一个个关键点上赐予我们认识生命的机会啊，是上天给我们的灵魂在注入慈悲的种子。

药　方

　　世上许多被我们奉之为秘密的东西，其实它们藏得并不神秘，只是我们没有机缘发觉而已。今天我偶翻书架，突然发现了父亲遗世的一个笔记本，里面记着一个药方——要知道，这是父亲病重时我们寻死寻活都没有找到，而且他也明确告诉我这药方已经丢掉的了。

　　怎么会这样呢？我陷入了迷茫。

　　父亲离世时，我在整理他的遗物时首先就发现了这个笔记本。我粗粗浏览了一下，还以为他平时在办公室没事看报纸时摘的，也就不当一回事了。事实上，这些笔墨是父亲留给我们仅有的"财富"。在我的观念中，父亲是该有什么文字留给我们，因为他命运非常坎坷，又恰逢几次重大政治运动。发现没有后，我想他是不是愤愤不平、不得志和失望呢？父亲这辈子与三个女人结过婚，离世时却孑然一身，有这种情绪应当是有理由支持的。

　　父亲是得肝硬化腹水而死，我记得姑妈在他死前的那个晚上说："谁叫你年轻时得了这个病，现在又没有治得好的药。"言意之下，没药人生已绝。父亲却不吱声。

　　他在中年时确生过该病，生死之间是一个土郎中的一个祖传秘方救了他的命。他的这个事家人都知道，但旧病复发时，我们都想起这个药方时，父亲却坚定地说不见了。我是在这样绝望的情绪下看他合上了眼，他眼角流出的那一滴温热的泪，至今让我不能自己....

现在，这个药方却是明明白白地存在啊！

父亲是把一个秘密藏在笔记本里了，可是他这样做的代价是放弃生命啊！

我打开它，开始一页页地研读起来，我这才发现里面写的哪是报刊摘要，分明是他自己人生的感悟和注解，寥寥几段就能看出他的心路历程：

  我的灵魂，原不是为了挤进一个人的心灵里，爱，真诚的爱，这就够了。

  我写这段话，也许可以叫做日记。

  不久前，又一位朋友来试探我的口气，他说，有个人，37岁。我怎么回答？是的，怎么回答？我的心，已经给了另外一个人，没有办法从她身上再收回来，难道用我的心的空壳去回答？！

父亲写这段话时，他已回到老家休养，并在一家镇办企业"发挥余热"。那时他刚六十，对于一些中年妇女来说，他的吸引力是明显存在的。我乐见他续弦，曾把意见告诉他，但他没有。现在我明白，他心中始终有个"她"，已容纳不了其她人了。

她是父亲在铁路局工作时的一个同事,她为父亲生下一个儿子后不久就病世了。在我伯母看来,她是唯一和他同一而终的人。我的一个堂伯父,也是像我父亲那样抛弃了结发妻子在北京续娶的,而且他们一直过的很好。可惜,父亲没有堂伯那样幸运。他把一个花瓶捧在心里时,一阵风从命运的深处吹来,他跟跄了一下——花瓶摔碎了。但是,谁都知道维纳斯之美在于缺憾,因之,父亲心中的那个她是她,不足为怪。

　　　　爱,给人力量,也给人痛苦。
　　　　谣言是可怕的,但它没有事实的力量大!但是,谣言有翅膀,事实却是蜗牛。

　　作为祖父,他满心欢喜地接受父亲邀请到千里之外的儿子工作地方去时,压根就没想到,他碰到了父亲人生最尴尬的时刻。祖父是眼睁睁地看见父亲被便衣带走,那让他碎心的一幕,祖父仅仅跟我讲过一次。
　　父亲知道他面对的一切都是因他的第三个女人而起。这个女人欲冲破权力的压制寻找幸福时,与一样为寻找幸福并在时代潮头呼三唤四的父亲交集了。不想,他们各自的背景太过厚重,他们的火车头刚刚出发时,一节失控的车厢撞了上来,父亲被撞入了黑暗。

  我读大学时，曾随父亲出差到一个陌生的城市，父亲说那个女人就在这里。我们在她居住的楼下站立许久后，像"作别西天的云彩"一样与之作了诀别。我相信，父亲还会想起她的，尤其是在漆黑一片的时候。

> 我的故乡是美丽的，我的家人和我爱过的人是可爱的。虽然我因爱而受到挫折，但我对故乡和以前的记忆是温馨的。

  父亲从家乡那座著名的中学考上了铁路学院后，从南到北，从北到南，最后回到家乡，一晃就是三十多年。这段话应当是写在南方工作时，几句话却把我和母亲都包括进去了。

  父母亲是同村，即使是他们婚姻挫败几十年后，母亲跟我谈及时语气都很坚定："我们是有感情的，离婚了，也难说谁对谁错。"他回乡后，我撮合他们见到一面，母亲看父亲病体后的一声叹息，我至今都觉得出沉重。父亲正如他日记中写道："我的灵魂，等待被召唤，死神的牙茅，正齿咬着"，母亲是看到了这一切。

  我曾经打趣地问过一个86岁的老人，他的人生回想起来那一段最美？老人说，他十三四岁时，村里一个女孩子一定要他睡到她上面去,然后紧紧地抱着。其实,他们什么都没做,只觉得这才叫美。

  死亡的恐怖是短暂的,出世的欢乐却是无止境,它像大海一样无边无际……
  人爱幻想,因为幻想比其实更美。
  上帝赋予人类有爱的权利和自由。如果说我有什么错的话,那不是我自己,而是上帝——你不应当给予这个权力。

  这是父亲的最后几则日记。父亲离世时,眼角噙满泪水,他叫我"不要为我的死悲伤、自责"这句话,以前我不理解,今晚理解了。父亲什么都明白,药方只能治身,不能治心,他的心"已经向往那极乐世界了"。
  父亲药方的发现,正是在我处在妻病的关键时期,这是不是一种暗示?这是父亲在我的生命里注入的最后一次坚强!

三伯父

　　与别人的经历有所不同,对我来说,三伯父更像是我父亲。他与我父一爹所生、一母所养,性情温顺,言语无妄,不时还会有点幽默。他势头正劲的时候正值戎装流行中华大地,加上有王心刚一样相貌,一直有很高的人气。祖父也因他而自豪。

　　我与他真正有接触是在我高中毕业那年,铁路局工作的父亲正受到禁锢,我在老家与几位老人居住,接到了已从部队转业到地方的他让我到他那儿工作的电报。一抹暖阳照见了寒冬。我按电报所说辗转到他那儿,他居住的那幢楼不高却是当地的最好建筑,我一下车就已把我十七岁的幸福感显现了出来。

　　我去工作的单位是家国营饭店,经理信誓旦旦地对伯父说,我去后上商校、当厨师。不论我实际上是否适合,按我的体型,这应当是不错的安排。伯父带我去经理家礼节性地拜访时,显然他忽略了这位不露声色的生意人对他这位握有各种审批权的同行的期待——他让他失望了。最后让我做了一个黑漆作坊里,一个六十二岁老头的帮工。我没有失望,我却愧疚地看到不愿随波逐流主张清者自清的他脸上瞬间幻灭的自嘲。

　　这样的不愿经营利用关系,似乎伴随了他一生。不熟悉的人了解他的履历后至少会有一丝惋惜:军政大学毕业、抗美援朝、抗美援越……他的职务似乎应该更高些。这当然是最良好的愿望。事实上是,正像许多家长堂而皇之地教育孩子要做个淳朴友善的老实人，自己却有意无意地把这些美德往水里揿——直至浮不到水面上来那样，在一个政治动荡的年代里，善良、淳朴、友善总不被注意。因为美好的东西注定缺少伤害力，可以顺便搁置或晾在一边。幸好，吉人自有天相。他的幸运之处在于，他有一个从北京一路跟他走南闯北并最终回到老家的妻子。她似乎比他更清晰地听到上苍的圣音。她给了他颠簸中保持内心尊严的安定。因此，他得到了人的一生最宝贵的东西：幸福感。我工作不久高考就恢复了。有一天，他很严肃地对我说："以后的社会，终归是需要文化的，只有文化能改变人的命运"，他支持我回乡参加高考。当然，潜台词是他会赞助。这似乎是他与他的妻子一贯与人为善的作派的一个缩影。他从来没有对人恶语的快感，总是把眼前人看成一幅图案优美的画，他是共同的作画者之一。

  临近退休，他以照顾祖父的名义调回到老家工作。我也大学毕业分配到同一个城市里。我有了一次又一次的蹭饭机会。夫妻俩一人烧着刚刚劈得又短又细的正直的木棍火，一人上厨房烙着他们平凡最富智慧的"拿手好食"——大饼。生活在地球上的人无论多伟大都曾经对天上两个轮流出现的大饼发过呆，它们一热一冷给人类带来希望的时候，也造就了一次次梦想破灭的无奈。他们给我的大饼是实在的，有温度而且适当。我完全可以一口一口地以品尝的心情消化到肚子里。由于它的全部都可以有真切地属于我的感觉，从而大大地减轻了那几年生活里遭遇到的背叛、诬陷、失望给我带来的悲伤，以致有时我是一边吃一边流出泪来。我相信他们是以不表达在表达他们对我的理解与安慰。在那只脆香了几千年的大饼面前，我懂得什么叫做亘古有常。

　　后来我到省城工作，与他见面成了时令。断断续续的时间，是命运为遗憾和疏忽设计的过门。我喜欢看他微笑的神情，天真地认为只要看见他微笑，强壮、健康就会存在，却不知道微笑是一扇门。诀别那天，他笑着一句"满足，走了"，这扇门戛然关住，以致到了今天，我每每想起都还不能自己。十年后，很多当时难以释怀的瓶瓶罐罐已碎，他却从深处完整地显现了出来，这是不是就叫大掩埋？

松　塔

我拣了许多松果（别名松塔），装在一个原木篮子里，当客厅摆设，清供。

——摘自厉自强《那些花儿》

（1）

不可否认，我是从内心欢喜松塔。

我现在生活的城市，仿佛与塔特别有缘。保俶塔、雷峰塔、六和塔……一座座都是名闻遐迩。奇怪的是，我每次看到它们，总会联想到那一个个松塔。我想，它们不仅形似，本质上也该有响应。

溯一路风光旖旎的钱塘江、富春江、婺江而上，就是我跟自强先生的家乡，不高的山上长得最多的树种是松树。松塔，是它结出的最富理想和智慧的果实。

松树这种树种本质上就有点与众不同，它的梢尖长得像马尾，又叫马尾松。寒冬来临，百树落叶，唯它却还翠绿着生命原色。松树树冠算不上繁茂，树干粗疏，形象不是很好。

我家乡的土地，却是不离不弃地选择了它，任由它无拘无束地生长在世世代代人的眼里，梦里，也许还有与人一起生长的牛、羊的眼里——他们心甘情愿地让命运的绳索与松树系在一起。

有一个人是宿命般地让我比人家更关注松树，他就是我祖父。

祖父用了他生命最为强健的十五年时光生下了五个儿子，以他当时属于村里最有文化的人的本性创意，他没有把儿子取名"牛"、"狗"呀一类，而是顺着牛头上那条惯常用的苧蔴——本地人心目中最韧、最牢固的纤维材料搓成的绳，首先看到了梅树，梅树旁则是一簇兰花，忽而睁眼审视了许久菊花，再到院子转一个圈后看见了竹子，最后才看清牛绳原来系在松树上。我的父亲排行最小，松成了他的名号。

只是，我自小不喜欢嗅闻青松毛的气味，尤其是用手摸它时还会留下一层粘粘的绿色的泡沫。总之，它没能像梅兰竹菊那样一见就让我喜欢、懂得珍惜。因之，也总觉得祖父不该为父亲起这么个名，多少有些别扭。我还逐渐发现，松树事实上也没能像梅兰竹菊那样广种于屋前屋后，更不用说盆景于内院——它多则多矣，却跟人的生存空间隔了一段距离——冥冥之中，似乎透出了点什么。

上大学时，有回读到"明月松间照，清泉石上流"时，陡峭的心理坡度才缓和了许多，才知道人与松树压根儿就没有陌生过。尤其是后来观摩了朱宣威的《劲松图》，仰望了黄山的迎客松后，确信同样是松树一类，在普天之下，在一些地方确是得到一些很好的供养。

祖父的思想存在着正道。

（2）

　　象征着黎明的光线是从村子东面山头上的那几棵松树杈间射进来的。瞬间，村庄、池塘、大樟树大梦初醒。一会儿，白色泛起了红光，一面面砖墙上的温度在升高。那几棵松树像一匹匹勒着缰绳的马，证明它在这个早晨的存在。它要以寂静中呈现出的气势把复归的一切带到一个生机活泼的时光里。

　　我总要随祖父往东山脚下走一走，感觉有一股力量催我们不知疲倦地走下去，次数多了，成了习惯。偶尔，我们也要在路边大石块上歇上一会儿，看满山的松树已经锃亮，那一刻，我的心是动的。

　　我想我是忽略了松树上果穗的存在，无视这唯美须十五至二十年才能真正结果的事实。这常常始于春末夏初的盛事，总被一天比一天更具色彩、更具诱惑的桃红柳绿所遮盖。我也就没有了从晨曦领悟到真谛的机会。于是，在那个早晨离开家乡后就居无定所，快乐得到不多，一生时光却已过去了许多。

(3)

在我心神恍惚的那个傍晚，我到了到处是风马旗的九寨沟口。寒冷的空气里，一段段带着松香的松树燃烧出的温暖，令我很愿意去接近它，没有半点排斥。那洁白的哈达披上我双肩的时候，我以自己的人生经历和见闻确信，松树燃烧出的光亮照亮了我的内心。

一个长着浅褐色鳞片的松果正值此时落到了我的头顶，然后，飘然滑落在已经枯黄的草地上。这一没有丝毫俗常打扰的缘起，令我想到了故乡阵阵松涛中的松果穗。此刻，它成了我眼前的这一枚松果身躯轻轻地停留在枯叶上，风一吹、一滚；一吹，又一滚，直至被一簇藤蔓所簇拥。有些寒意的我，首先想到它一旦燃烧就会有温度，会成为近旁燃烧的最好、最动情的燃料。这是我少童时的思幻。

现在，关心松果鳞片之间夹着的那一粒粒同样是浅褐色的松子，我至今没能看到松子脱落时的情景。作为"长寿果"、被英国皇室成员每日必餐的佳闻，却已烂熟于心。我在内心已数百次地向第一次叫松果为塔的人致以崇高的敬礼。这是一次精神的升华，直至升华到可以放到客厅里迎迓，可以作为膜拜的真塔。

我平静地设想松树那样与天地风云融为一体,呼吸慢慢变得顺畅而生生不息。我以开放的心态去了解、理解,世界一切事物的花开花落,包括人生中各种各样的痛苦和烦恼,产生的原因,止息的方法。我相信,我与眼前这些面目黧黑的人们并无多大区别,我们都希望过安定富足的生活。然而,通过点燃松树来启示无常和因果的方式,却给了我无限的勇气和希望,哪怕是目不识丁也会深信信仰的力量而能无惧地接受无常,这恰恰是我难以达到的见地和胸襟。

(4)

我突然觉得祖父说松树"并不希冀顶礼膜拜,它是真正舍己、真真切切地给众生带来利益,不留一点于己"这话的高妙:年轻时,在一场司空见惯的砍伐中,成片的松树不见了,他硬是把属于自家的几棵果树换给生产队,而把村后山上几棵松树留了下来。他死时留下简简单单一句话:把坟埋在松树林里。那几棵果树后来不是死了就是被砍了,最后,一棵都没有留下来,松树倒是成了林,让村里人当作一处不能随便碰触的风景。

我常常从松林边路过,听到松涛呜呜,仿佛是低沉雄浑的歌唱。我总要俯下身来,一边听,一边用手把些黄黄的松针毛细,拿回家一小把、一小把地用它烧一锅白粥——那具有缓慢个性、养脾沁胃的传统流体;烧火旺时,还不忘放一两个松塔,看它红红地有形有状地傲立火中,直至湮灭。

一条小溪小声地从松林边流过,谁也没有想到,它成了一条大河的源流。

命 街

　　想起故乡，首先让我想到的是镇上那条古街。
　　每当我的脑海和眼睛被都市的钢筋水泥的坚硬所充斥、填塞，这条弯弯曲曲的古长街总会从远而近舒缓地奔来，许多熟悉的景象像卡通呼啦呼啦占领脑屏。心静下来后，眼睛连环画似地从一个店门流连到另一个店门，忽而转弯、忽而逗留，直至整个人被乡音乡味浸透。
　　古街在离我村六七里地的镇上，因镇边有一条美丽至极的河，因而叫画水镇。
　　一袭两层木结构楼房，鹅卵石地面、青石板基础、雕花屋檐、桐漆排门、青石古井和邻里之间紧挨在一起的马头墙，这些元素构成了古街特有的一种秩序。
　　在村里散落居住惯了的我们还是比较喜欢街上有限的拥挤所呈现出的热闹，在我祖我兄眼里这古街规定的空间里人头攒动本身就是好景致。在缓缓流动的人群中身材矮点的看到的是人头、后背，迎面而来的女性的胸脯和街两旁挤在一起的店铺；高个子则多了一份张望，这有限的空间里最奢侈的舒畅。这乱而有序的聚集一旦形成传统就成了令人津津乐道的文化。
　　我因为有个堂兄在古街上的供销社工作且每次都能得到他一颗糖、一顿便饭的款待而常常到街上去。赶集这天的早晨似乎来的比通常早，无关晴雨都可感受到心里的那份激动和尊重。古街与我有一份牵挂。

　　我特别喜欢与我腰一样高的青石板围着的一眼古井，像是古街已流承千百年的印镜。多少次，我在住在街上的同学家里，分享了它的甘甜、清澈，也看到了承认它对秩序建立起到作用时候，马头墙下相邻邻里相依安和的历史。而一旦它的作用散失，它会同屋檐、石磨一起沦为诉讼介质继而产生巨大的拉力把街弯成一把弓。

　　谁会在历史深处受伤？谁都说不清！

　　所谓的街，本质上说其实是被两旁建筑挤压出的一条路，留给自己也留给别人的一个进退空间。它本没有什么生命力，是一间间鳞次栉比的门店，令其充满了活力。一种含蓄、吐露一旦学会用心经营，街的存在就有了意义。

　　事实上，街的许多转折皆因霸道的思想设计而起，街的理性之处在于它不是猪一头撞上去——它没有那么笨。它无论艰难、无论潇洒始终都能找到延伸之处。

　　许多道路是从此看到了希望，从不同方向延伸过来把自己的命运与古长街连在一起。这些道路的那一端连着田野、江河、山峦，有大量街所缺少的阳光、谷香、畜鸣，通过不同方式的道路传导到街上来时，已成为街的特质风格：色彩、声音、香味、故事。

　　我因为有一首诗歌在古街的黑板报上刊出，得到了一个重要读者——上集市的祖父的表扬。只是,他一边在街一侧的"水阁塘"茶室喝茶,一边摸摸早已花白的胡须,不无遗憾地说,如果这首诗不是以大批判的形式而是像唐诗宋词那样表达该有多好。当时,在座的人都一笑了之。

后来,当祖父受到了冲击,堂兄遭到辞退,我才领悟,有时候街两旁的墙已不是墙,而就是一页页薄薄的纸。只是这纸一旦像秩序一样被撕破撒下来时就会成为时代牺牲者——"畏罪自杀"者脖子上的白绢。

古街这把弓最终还是把人射杀了。

我突然觉得,古街通往东边那个深宅大院的硬路本身就是一支再形象不过的弓箭,而大院是古街一切风云变化的遥控器。它的墙比街两边的任何墙更高更牢固,那里传出来的声音很粗糙,但我必须竖起耳朵听,不寒而栗只能在心里,因为这声音更有力量更具诡异更能让古街改变秩序的方向。无名恐惧自此总伴随着我,我觉得街上晃动的头颅就是一个个鸡蛋。

幸好,我母亲作为村干部每次开会都要到这大院内去。她总要带我看了这个房间又看了那个房间,便多次在一个二层的有窗户的房间内小憩。这让我减少了不少恐惧,让我看到了在这个另外一个群体居住的大院里有一棵至少已成活了千百年的大樟树。它的周围散发着甜腻的腐败和幽深的药香,它的枝干旁盘绕着无数巨蟒般纠缠的藤蔓，四处延生。这棵大樟树是本镇得以留下来的并有资格接受膜拜的最大的树种，达到了它这种植物生长的极致，从而造就成、编织成一座自己的宫殿。

那时候，一座横跨画水溪的公路桥正在我母亲吆三呼四地参与中慢慢合拢。桥建成后，从学校到我村我完全可以忽略古街一样忽略许多存在。轻松的乘汽车回家，不必要情愿不情愿地像以前那样都要一步一步从古街这头走到那头，然后一边想着那块白绢一边心有余悸地从大宅院的墙根边走过。

这是母亲留给我最深刻的记忆，也是她在我心里种下的最大的善根。

卷二 歌山画水

题 记

伟大的坚持力来源于自然。

母亲的生活

关心起住在农村的母亲的生活,是天天听妻子讲"营养圣经"的时候。

每天一顿苞米糊、基本不吃肉、一碗自酿糯米酒,这是母亲自己对自己的饮食的勾勒,无关乎穷富,几十年来基本如此。这样饮食的直接效果是令人乐观的,母亲八十多岁了,却总保持在不胖不瘦、不聪不痴、无病无痛的境界。现在,每每听到人家对她身健的赞许,我是有几份欣慰在心里。

母亲不住高楼,是家里本无高楼可住。现在,农村的房子都伸直了腰杆扬眉吐气了,她却一如既往地窝在古宅里。起先,做儿子的我还心有几分愧疚,直至有回她坚定地否决了我改造一下的建议后,我确信母亲有她自己的想法。她总以老屋冬暖夏凉、习惯了反而不容易生病的理由作答人家。我相信她不是搪塞,试想,没有空调、电扇的夏天,如果地下不冒出丝丝滋润人心的阴凉来作安慰,这个社会谁会有这般伟大的坚持力或甘心置自己于弱处的"低调"?

尽管住在农村,但从褐色的屋檐下一出门,所见所闻也是满眼繁华。母亲不很向往现在时兴的观光,我在省城工作已十多年,她也仅仅来过一次。她总是荷锄种她自己一年到头要吃的东西,土豆、黑豆、玉米、高粱、荸荠、黄瓜、辣椒、蕃茄,一句话,应有尽有。如果恰逢我回乡,她总会装上一袋当季蔬果,让我们吃个十天八日。她六十四岁时,换届不当干部后,就再也没想自己年龄大小的问题了,跟村里许多人一样开始活到老、干到老。一样的地,人家种的是红一块、绿一畈,讲究规模效应,并一挑挑担到集市上售卖,她种的却永远是五花八门,让人不能一眼望透,远远望去,像是一块花手帕。

　　年过八十后,母亲显然收缩了战线,开始爱转村边地头了。但她不是指手画脚、搬弄是非,她是纠集了几个老太太打扫着村里的卫生呢!自我记事起就知道,她是个市镇各种先进的得奖专业户,断已过了为了荣誉而不辞辛劳的阶段,扫地多半会有其他的考虑。后来,我知道她真还是为了每年几千元的收入,但我已能理解。十几年前,我还在本市工作,有一回下乡路过老家时猛然听到灰尘满天的公路拓宽工地上,居然传来了母亲的声音。她最终还是没有听从我的劝说,"年龄大了,不要再丢人现眼地打工了"!不想,她非但不领情,反而振振有词地在电话那头说:"我靠自己劳动吃饭,有什么好丢脸的?再说,我年龄大了人家还用我,说明他们看得起我,我感到光荣才对。"我几次想多给她点钱,她却回绝了。"我用你的钱多了,你就该多费心去赚,心,就不会全用在正当的工作上",她总是这样对我说。

　　母亲多年形成了的一个习惯,是早上一早起来到二里外的镇上吃早餐。这是她的奢侈之举,一根油条、一碗豆浆、一个烧饼。

我知道这"老三样"里，有她几十年奋斗的梦想。母亲一直当干部，但一直本质上是个农民，有一天能吃上"商业粮"，是她可望而不及的梦想。那时候，"老三样"在镇上的供销合作社饭店里才有得卖，即使有钱还要有粮票，吃"商品粮"的人与农民区别就是在这里。吃好早餐，她会时不时地往镇郊的风景山上爬爬，有一次，我有意跟她上山，最后气喘吁吁的居然是我。

母亲没什么文化，脑子里贮藏最多的恐怕就是共产主义思想。我多次听到过她的大会发言，让我至今都心存一份钦佩在心头。她也会在讲话时像领导干部那样偶尔喝口茶，但里面却是酒，对于一个农村妇女来说，酒和墨水对提高讲话水平是一样的管用。现在，看到大家念经拜佛，这一套她弄不来似乎也并不排斥，两种信仰没有妨碍她的生活，两种信仰在她眼里就是她种的庄稼一般。母亲常常站在村口高处看阡陌纵横、沧桑巨变的家乡，每看一次，她都会说，现在的农村真像她年青时跳着的秧歌。

白皮黄瓜

小区外有个当地农民卖自种蔬菜的地方，我平时特别喜欢去转转。想这帮人恐是最后一批土著菜农了，因而每次交易起来都有几分庄重。他们的要价并不高，图的是一份剩余的快活。意趣在于，我却始终有一份珍惜深藏在心里。我可以眼睛不眨一下地倒掉一盆海鲜，却不会丢掉一叶他们手里买回的菜瓣。

这是有我内心的真味道在里头。离开家乡几十年，似乎什么都有，但又像缺了点什么，而这又十分重要。直到两年前移居郊墅，有一天散步到这里看到一个个现在这样蹲着卖菜的村民之后，我确认我缺的是一种味——而我又能解出真情来。

它是由一根根白皮黄瓜包涵着的。

这根白皮黄瓜是挂在故乡小溪边的杂地上，它从一支秧苗到开花到结瓜，听惯了溪声，更有我祖父日复一日的期望。这是祖父在把大段大段的时间去种植大田稻谷、玉米后所剩不多的自我主张。大伯母几乎是三天两头做豆腐，夏天，黄瓜煮豆腐成了美味。事实上，即使我参加工作后回去，大伯父也曾几次用它招待我，饥肠辘辘加上城里难得见到的思念，让它平添了几分香味。

从祖父到大伯父直至堂兄，无论什么年景，这白皮黄瓜总是要种的。城里的青皮黄瓜，我绝少吃，总觉食之无味。其实，白皮黄瓜与青皮黄瓜比最大不同是它肉馕更多一些，这使它独具美味。有一年，也曾想把白皮苗移栽到郊墅菜园作作秀，大伯父摇摇头说："你那里没有这里的空气、溪水，种不好的。"那神情像是一个生了很漂亮的女儿的父亲说给生不出女儿的村人听得一般玄奥。

后来，我做了一个女儿的父亲后，才逐渐明白，白皮黄瓜是极少受制约的，即使是在极为困难的时候，它也是得到一根根细竹木棍的支持，可以尽情地生长。它没有因教育而必须多多少少扭曲的心智，更充沛的是自然的灵性。

每次，我回想起这个菜品时都要问自己一句：我对我面对生活中会有的冲动、渴望、挫折、挣扎等都有过这样的灵性追求吗？祖父、伯父都是九十多岁谢世，我知道我哪里不如。

海螺山上

在一个有山有水的地方居住，呼吸清新空气，沉着安静，在一片自然生机中，思想活跃，心灵偶有所得，这是许多人的欢喜追求。我也不例外，而且我还真做了，就在磐安海螺山上。

进入安文，海螺山抬眼可见。它有些与众不同，准确地说，它让人有殊胜稀存的感觉。

上了山顶，发现这里原先就该有一个水面，现在叫"翡翠湖"。早些年开发，这里建起了宾馆、别墅，夯实了人来人往的功能基础。

现在想来，我那次以直观作自性的决定是多么正确。事实上，我已到了一个负氧离子——这城市最珍贵的东西——最富有的地方。县上工作的同学说，他在安文工作的这几年，他的老毛病咽炎好了。这我信。我在海螺山上呆上没几个小时，天庭就润滑锃亮了起来，呼吸变得舒畅，看什么都养眼养心。

我知道，我喜欢上这里并立马在这里买了房，并不是想在这里创造惊奇，而只是像一棵树、一簇苔藓一样生长在一个不会困扰和迷失的地方。海螺山，正是有许多能抚慰人心的因素，首先这里有一种自主自为的精神环境和一种与喧闹稍有隔离的自然环境。在大城市生活随时都会有的局限、禁锢，这里没有。现代生活中培养性情最为缺少的东西，这里却都有，都能随时而生。记忆中温馨的生活留存，孩童时悦趣的记忆，都可还原成为常态。就连炊烟，一次次袅袅升起都是美不胜收。

许多人比肩这里，已使海螺山成就了圣果。每个人到了这里都很有见解，惊奇在于，他们的见解都是发自内心的赞美。显然，真正构成海螺山魅力的因素已不是空洞的建筑，定然是它清静的心与高贵的内涵。

在这里居住，我的内心不知不觉会生发出一种坚持力。每天变化不多的生活勾起的诱惑，有时会让我觉得外面总有什么不平凡的事情需要去做，但坐在翡翠湖边望上一眼就能恍然明白自己的耐心与慈悲还是相当地脆弱。在深刻地领会老人所说"人所做的事不存在伟大与不伟大之分，只是形式不同而已，孜孜不倦地做好正在做的是事，才是最重要"的含义时，已懂得一切看似无意义的事，其实并非无意义，只是你我没有发现，因为好结果已悄然而生。

原来我住在海螺山上，本质上就是上天给我一个以一定高度极眼望远的机缘。站在哪里，我都会有灵敏的触觉和接收能力。我从万物生长的韵律中，真切地听出有人在捻动着佛珠。

我赞美海螺山。我南望群山，像一幅栩栩如生的浮雕，或卧、或端坐、或行走……每个山峰都是佛之化身。安文友人方龙自小在此生长，内心早就把群山命名为"千佛山"，听我观山名佛，直叹心有灵犀。

一个个原本四处翻游的念头悠然消融，身心沐浴在佛光的无尽慈悲之中。体会着给俗地圣名带来的特殊美妙，我心里已热潮澎湃。

接近山顶，进入扼要处，是种种预设的想象轰然洞开后才看清生活的未来面貌，学习不久的《慈恩寺》云那烂陀寺一章跃入眼帘：

> 都建一门，庭序别开，中分八院，宝台星列，琼楼岳峙，观辣烟中，殿飞霞上，生风云于户牖，交日月于轩檐，羯尼花树，加以流水逶迤，青莲菡萏，晕焕其间，庵没罗林，森疏其外。

如此无比辉煌壮丽，如此美得令人想念，竟因这海螺山而起。我断定，以后将会有一拨又一拨的人群来到这里，多少智者的思辨，多少不可遏制的颂扬，以后都会发生在这里。

海螺山天生就有令人仰止的气势。

自然的感动

新居所在的小区不大,散步线路自然单调了些。有个周末,突发奇想地往近旁的山上爬,真发现了一条山道。来往的人少,路上长满杂草,加上没有人力整理过,山道原本就该在用,崎岖的很。

恐怕是有点"敝帚自珍",这条小山道自我们发现后,利用率却非常高。一周至少两三次,实已成为我们郊区生活的一个重要内容。

我居山北,山不高,十来分钟就可到达半山腰。因为是陡峭的山路,爬上去需躬身、牵拉、脚趾使劲,上了山来也已是气喘吁吁,肺门大开,站在山腰处,微风徐来,心情一下子清爽起来。正能量在于,疲累时缓缓而下的路松软的地毯般逍遥在眼前,诱惑我们脚步不会停下来。一直往下走十几分钟,可看见一个竹子做成的亭阁安卧在山南。这是个茶楼,是个谁见了都会爱上的地方。一杯清茶,一碟花生瓜子,一山清新空气,心情舒畅至极。

从山南再翻回山北,又是另一番风景。慢悠悠地,到达山顶,拄一根拐杖,如猛虎下山,断没有历千山万水之感。仅仅四五十分钟,身体与思想已起伏了一回。人的感受全在新鲜、顿悟的范围,断与疲惫、无聊无关。等到坐到自家沙发上,仰望刚爬过的翠绿青山,已是另一番滋味。

一年四季下来,除了空气、秀色,还有意想不到的收获。春时，野笋长得东戳一支，西露一根，乐活了十来分钟已可拔到一捆。一捆，一家可美味三四天矣。竹楼近旁，茶山成畈，春秋两季，新叶一采就是一大把。随便往水里泡上几片，秀色已胀满如帆。有禅师说：喝茶随心随缘，无心处处皆有好茶；生活随遇而安，无心生活日日都是好日。没必要最求"山头主义"，摒弃心中的我执，与其化大价钱买了不靠谱的所谓名山名茶，不如采点没名气的纯正茶。

一条山路，一旦演变为能融入我们生活的具象，眼前山就不再是山，而是几天必去做一次的日常功课。我们已能从中得到上下起伏给身心、身体带来好处。它在我眼里事实上也已成为家庭院落一样。这些天，我产生了以己之力把小山道整理成能小憩，无危险的途径。以愚公移山精神，从一步一履开始平整。无执而有为，其乐无穷也。

国庆期间，我发现走在我前面、后面的人多了起来。他们就像我的客人一样，我极力向他们述说爬这条路的好处，应当注意些什么。可喜的是，他们似乎非常乐意接受我这番好意。其实，我明白，我的所想正是他们的所想：每个人都希望别人从自己热情的心尖中走过，并有善意的收获。

以前，总想在黄龙洞边买房，是羡慕那条从黄龙洞能翻到岳庙的山道。那样有起伏的生活的人们无疑是幸福无比的。现在，我有了这条小道后,自己安慰起自己来了:我也不错,有一条至今没几个人享受的山道,而且是有真正的起伏——这自然的感动。

董郎岗一日

　　嵊州城西去十来公里的董郎岗，原为穷乡僻壤，近些年变得闹猛是缘村上有个温泉湖度假区。
　　我坐在酒店大堂里心正气和绝虑凝神地观赏湖景时，最先瞅见的却是湖对面一排水杉。它们依湖面一字排开，呈现出了少见的匀称。尤其是与树根相连的倒影，充盈，风仪，我看到了难得的虚实之美。
　　当晚，我枕在阵阵嘻哈声中——许多人此刻在享受着温泉的温情的时候，我却惦记着余晖中的那排水杉。此刻，它们也像闪闪烁烁的灯光一样贼亮着眼睛，扭曲着身体吗？我想起了有幅叫《泉》的画，也是在一个深黑色的背景上，一个肩扛着陶罐的裸体少女，清亮的水从罐口泻下来。如果没有那个动作，没有扛在肩上的那个陶罐，没有从陶罐泻下来的月光般的水，她们就不是这样一种美了，这美需要的就是一种有序的匀称。
　　从历世的角度上说，人的寿命再长也不过是树上的一段长。因此说，我眼前的这一排具有大小高低间距都匀称的水杉，能达到这个节点上，该经历怎样的风起云涌。首先，它们要保证一棵不少，这不仅需要有一样的素质，还需要相互提携的品质，比如哪一棵不幸被雷电击中的前夕，那能量能瞬间在其他树上得到细释，化险为夷。其次，还要在某个季节，其中一棵突然有蹭蹭往上冒的动力时，其他树不是给予压抑，而是一起产生往上冒的动力。谁叫它们是杉类呢？杉树之品，在于齐整。

第二天清早，我产生了亲近这排水杉的想法。走出没多远，先是与一只横穿马路的蟋蟀来个照面，它让我惊喜。不久，看见了一小片湿地，我情不自禁地停了下来，凭我的经验，这块湿地的前身实际上应该是梯田的最高处。我唯一叫的出名字的村上人——辛亥革命义士王金发在村里时，还可能在这里种过玉米、稻谷一类庄稼，它的收成至少可养活几口之家。几十年前，这里修成水库后，这里成了库尾。它的可贵之处在于，它为水库——现在叫湖，提供了绝美的水。这里成了温泉湖的源头。

我俯身端详，这些水正淙淙有声的从一簇簇岌岌草上流过，同时还捎带走了草尖上一滴滴晶莹剔透的露珠，最后成为湖水的一分子。然而，这些岌岌草透出的信息是，它们愉快地接受了时间和自然安排的有序。它们懂得，相对于有序程度最高级的体系，它们没有那种复杂的结构，精确的联系，协调的配合，完美的功能。它们只是低等级的植物，只能在尽量少受损害的情况下，建立属于自己的完美。

我弯下腰手捧起一把水，先抿上一口，又激昂地用它奢侈地洗了一把脸。我自觉卸下了被雾霾强行化妆了许多年的脸，变得素静、敞亮。

我打消了拜访那排水杉的想法。玉兰开，桃花盛，油菜花在等待，这是大自然的有序美。这种以抽芽、生根、长叶、开花、结果形成生命周期的方式，似乎又与这排水杉无关。它以另一种方式——以安于寂寞的静守，以一个生命隐者的胸怀和操守，把自己清醒地置在不卑不亢的有序之中。由它生发出的倒影，也从不喧哗，依然，安详。风雨中匿身，平和中显现，绝不把扭曲的身影留在湖上，世人谁不知道，世上多少尴尬都是因为影子的扭曲而起。

这排水杉的美是谁都知道的，许多人都拍了照片，指望以百分之一秒的瞬间，能留美成永恒。走时，我深情地回望了它们一眼，并以此为起点巡视了正从苍凉走向繁华的董郎岗，内心有点痛楚，又有点快乐。

再到河口湖

秋叶红了的时候，我们到富士山线走了走。我内心原本是冲富士山和温泉去的，但一路上秋山美景早已把我感动，窄轨车一路上行更是把情绪步步升高；直至湖口终点，我才确定这一趟期望不高的旅行将有意外的惊喜了。

这惊喜在下车那一刻清晰了起来，我自感这里早年来过而且记忆里留存美好而朦胧印象；不仅如此，这朦胧的记忆还是常常在我心灵需要的时候浮现。只是我一直想不起来它是在那个国家的那个景点，或者说仅仅只是合乎我这些年现实心境的梦想之地？反正，从车站沿街道往下走的每一步，我的心里都充满感动。

真的是这样子的呀！尽管我早年来时河口湖下着雪，四周的群山环绕着的是皑皑白雪，但望湖的瞬间很多因缘巧合已经成为事实，白雪相护与红枫灿烂还不是一样的一样吗！

随行的妻子与我在湖畔走着走着主动证实了我们曾经来过，女儿却是全然记不得了，关键是就是那次种下的善根在我们的心里长出感动，女儿不久就来到了日本。世上有许多美好的地方，我们去了有缘了就会一而再地去，否则就是再美也不会再光顾，与那些至今都没有机缘去游玩的地方一样陌生。

今天，我的脑子里闪现的仅仅是一个老人的模样，我对湖口的记忆也是在这里。那天，我从他家的窗口走过，他彷佛是同一群与他一样的人喝着咖啡。他见这辈子第一次见面的我走过，掀起身子与我打起了招呼，那一刻我自觉这里我以前好像应该生活过，而且与他应有往世之谊。

我现在确信我为人一世恐怕也是在时间长河中与世界打个招呼一样即离开，这是人类生活的本质意义，这个老人的那一招手把我的未来留在了湖口。我说过我还会来这里，就是为了再对着河口湖招招手。

我轻飘飘地在湖边拍照、小坐、流连但不忘返，心里没有甚么是需要大加赞扬，至于贬损更无必须。我向湖面丢去一张并没有完全黄透的银杏叶子，是希望它们能够像石头那样有些质量激起涟漪，把我看到的此岸和看不到的彼岸轻叩。

而我这一番作秀其实就是为了旁边的那个咖啡馆和馆里曾经向我招手的老头。现在馆已歇业，老头去了哪里或者说有无在世已经并不重要，因为真正的机缘都不会是打听出来的。我记忆它也仅仅是把它当作一张枫叶或银杏叶，当然也可以是一滴水。似曾相识，这就够了！

一直没有富士山什么事，但在我没有回顾之心时它出现了。我总觉得世界上的事大大小小它有一半是知道的，而且因缘的起转承合多半也是因它而起。因之，我再想起河口湖，想起湖边我的曾经时，会首先想到它，它才是我挥之不去的大因缘。

卷三 牛们

题 记

我纵然无法出离命运，
但仍可以作出反叛姿态，
为自己生命赢得一份尊严。

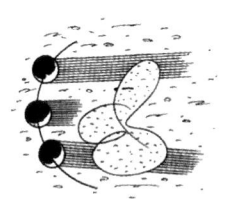

大黄牛

我听说，我原本籍籍无名的家乡画水，近些年已成了远近闻名的牛肉产地的时候，我闻到的不只是从记忆深处飘来的牛肉味，更有一份长了虱子的生牛的腥膻味。

一次又一次，我有意到我现在生活的杭州的农贸市场转悠，似乎是想辨认一个个摊上所卖的牛肉会不会来自我家乡。

不瞒你说，我读得懂牛身上的那组密码。

在同村的外婆家居住的那几年，我与归生产队所有的那只大黄牛有一段频繁的接触。小舅因为得了小儿麻痹症瘸了脚，这头牛是生产大队为照顾他才让他养着。外婆家给牛提供的宿舍是分在小舅名下的仅有的两间房子之一的半间。事实上，家里因为这头牛的光临一年可以平添许多"工分"——当时村民赖以分粮的依据。牛有这样的待遇不为过，也属无奈之举。当晚，我在隔壁大房呼呼而睡时，唱和的除了山野之风，还增加了牛的气息。

第二天，生产队长——我小舅未来的岳父——来牵牛了。仿佛是他的一个亲戚寄宿在这里一样，他左看看右看看，又看看我，似乎放心了。生产队长的那一眼是有指向的，起码这也表达了小舅的想法——这牛，闲时将由我牵进牵出了。

我特别喜欢把牛牵到松软的田埂上去，一路开着小黄花的道上，总是我在先牛在后。牛吃着刚冒出点苗头的茇茇草，趁我不备，总是不失时机地偷吃田里的庄稼。那时候，村里刚刚放了一场《草原英雄小姐妹》的电影，主人翁为保卫集体财产呈现出的勇敢的精神深刻内心。但我还是一边装着看一些白色的蝴蝶和长着长翅膀的蚂蚱翻飞蹦跳，看一只小老鼠迅速穿过跳上田垄，一边心里充满鼓励地容许它能多吃一点。偶尔，我也会拔起几根白桔根，给牛的嘴里塞一根，自己一根，酸酸甜甜地瞎嚼。只是，在那一刻，我想到我跟牛都有一样缺失：它缺少食料，我缺少在千里之外的父母之爱。

　　经过一个学期之后，生产队的牛圈做好了，几头牛圈在了一起，等待冬天过去。我与那只大黄牛的再次相遇是我的自告奋勇——我想饲养它。不知是我的有意，还是她的有意，饲养人多了一个邻家女孩。与室外整个世界的寒风凛冽相比，牛圈倒是个温暖的所在。牛身上散发出的腥膻味难闻却也现实地抵挡了从窗口吹进来把玉米杆吹得簌簌发抖的寒风。牛温顺地、大口大口地接受我的喂养，像一个不爱多事的旁观者。从它的狡黠、有神的眼神里，我却又分明读到它对我的羡慕之情。我与邻家女孩都在镇上中学读书，我们不用像它那样只能一辈子苟活在这里，一辈子单调、忍受、缺少想象力。比如，在我的判断中，我就是身旁这邻家女孩心目中的白马王子。这么一想，多美！

　　牛最终的结局大多都是这样——被吃掉。我不止一次地想着它被磨得锃亮的杀牛刀刺进喉管时鲜血喷涌的情景。这头大黄牛的结局却是生病而死，好像就在村人认为它年龄大准备年底宰杀时。结果也大大出乎村人的料想，兽医分析，它的死因是农药中毒。我听到这个消息，没有悲伤，反而大为高兴，我相信它总算能完整地在村子一隅死去。村里人不明不白地议论了几天，因为总归是无须触及心灵，不久就没有人再提起。

画水溪边的牛市

我始终认为,我的家乡能成为牛肉产地,其因缘应该与镇东头的画水溪边那个牛市有关。溪畔有片宽长的开阔地,有许多柳树和原石,这是牛市开场前天地备好的演出道具。逢农历三、八集市,树上系着牛,石上坐着牛贩子。

溪岸上有一个高地,早先"农业学大寨"辰光,是个抽水机埠。像一只牛安伏着,它虽没有虎踞龙盘的气势,但大抵上也能够俯瞰市场的浩浩动静。集市从镇中心的古街延伸而出,颇像一条镇上人爱吃的糯米肠,到这里就是猪肚的部位所在,里面塞得满满的是柳树、人头、牛。身在其中,走走停停,悠闲地迷失,懂得应该做些什么,自顾眼前而不会为所欲为。

一个飘着牛肉香的摊位旁,坐着一个个食客。他们小口小口地品尝着盐蘸牛肉,外加一碗牛血汤。传统的味趣,让他们一边津津有味地喝着,一边称赞着这头牛在某个村子辛劳一生的贡献。显然,这是有温度的生活。

此时,看画水溪江面展宽,沙滩洁白,芦苇青青,一条便桥卧波南北。抽水机埠的下方正是水流湍急处,水深草茂,一排杨柳垂垂而立,在田野上黄黄的油菜花映衬下,成了绝美。

多少次,我都怀着歌颂的心情痴痴地想,如果让我再生长一次,我就长在这里,是鱼也好,是树也行。后来,我认识到,我这种简单清纯的想法不是无缘无故的,它实际上正包含了我最初的迷恋和向往。许多乱心的外相却也都因这条江而起。在一场让人惊恐不安的洪水中，抽水机埠塌了，同时塌倒的还有我心目中的高度。

牛的命运

原先那些来自外地的牛在市场成交后，都被牵到一个个农家里去，它们辛劳之余又总能得到像我一样孩童温暖的喂养。后来，我发现，牛的命运轨迹突然缩短了。我亲眼看见那头成交后的牛不再牵到农家圈子里了，而是过江被牵到一户宰牛人家家里去了。几个彪悍的人迫不及待地上来捆住牛的四脚，然后像推倒一堵墙一样把牛这庞然大物——至少现在还是——推倒在地上。随后，其中一人拿一把大铁锤在牛善意、惊恐的眼睛注视中狠狠地把它击昏，一把已磨得锃亮的刀，恰时地刺进牛的喉管，唰——赤红的血冲了出来。

至此，牛已不是牛，它就是一堆肉，一堆失败的肉。原因是它成为肉之前最终也没能叫出它平时最喜欢嚎的那个声音就完成了一次生灭。

我试想在洪水泛滥中读懂什么，却每次都毫无所得。问一起赶集的母亲，她只是淡淡地说，这就是命。她这根本无法解释却又毋容置疑的只言片语，仿佛是在安慰自小体弱多病的我。七岁时，我在溪畔的镇医院里住过院，以当时医院条件是很幸运地捡回了一条命。牛，降生在这个世界上，最终成为肉，是一件无可奈何的事情，正像许多人在医院里无可奈何地死去，而我能够复生。我似懂非懂。

一头反叛的牛

暑假,在镇上居住的姑妈带我到生产队已收割的稻田里捡扫剩谷时,我看见一个隔了一条田垄的农人正在犁着地。铁犁嗖嗖而过,分发出的新泥一坨坨地歌颂着人与牛的合作之美。我总觉得犁地时的牛是替那头已经死了的牛在劳作。牛喘着气一步一步地往前走,它的肩上背着那个农人全家的希望。

然而,就在农人再次举鞭的时候,我清楚看见牛的眼睛盯了一下,像是一项早就计划好的行动,决定现在开始实施一样。它停了下来,熟练地抖落肩上的犁轮,低着头,让牛角调整到可以猛刺的角度,一步一步地迫近农人。随后,它用牛角把农人下身托起,牛角刺进肚子里……

一阵惊恐过后,我惊讶地发现牛的神情并不激动,只是冷静地注视着,仿佛是刚刚干了一件它认为举重若轻值得干的事情。牛的角,留着红红的血迹,傲立在空中,晃一晃,都让人心悸,都觉得它似乎是在宣告它原本就有这样的利器,可以随时对任何人实施强有力的攻击,而且,动作绝对的优雅。

我意识到,我的这一辈子,能看到如此场面,恐怕只有这一次了。这也足以让我震撼一辈子了。事实上,临近八村的农人也都震撼了。

后来,这头有故事的牛没几天总归也死了。农人用了与杀其他牛同样的办法把它击垮,只是再也没人敢剥它的皮、吃它的肉,八个人抬着把它葬到了画水溪畔的山脚下。下葬那天来了很多人。我觉得牛下葬的时候,似乎许多东西也都被埋葬了。它对我的可贵之处在于,几十年后,它没有让我想通这个道理而畏缩,而是懂得纵然无力出离命运,也至少可以摆出反叛的姿态,为自己赢得一份尊严。

卷四 一个人的倾听

题 记

我是累了,

我要睡了,

一个人的倾听醒来了。

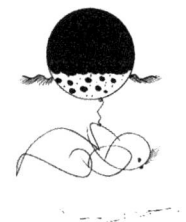

梦 见

我年过半百的人生经历中,有两次做梦决定了我的人生走向。

第一次是我参加高考成绩公布的头天晚上,梦中心中崇敬的领导站在我家乡的山头顶递我一张天书。第二天,我高考中榜了。

现在我要说的是第二次,是2013快年底的时候。大约是在我妻子确诊得了重病的第八天的晚上,累了、睡了的我,做了一个梦。梦中我最敬佩的领导与我相交甚欢,双方谈得非常融洽,特别是我在梦中舒畅地笑了很长时间。

我醒来了,我发现身心非常非常的轻松自在,整个人似乎很喜欢这个状态并且不想出来。要知道,自妻拿到确诊书那刻起,我们是连笑是什么样的都忘记了。事后,我自己解释并相信,这是我苦极生乐的结果。

但是,我意想不到的是,我沉浸在这愉悦的境地里时,我的脑子似乎突然变得没思想,整个思维系统包括身体都停止了运作一样,与外部世界的交流都交给了耳朵——可遇不可求的倾听产生了。

我不知道我这样的表达是否准确:我像一匹野马原来是在山峦的包围中,而突然间山峦自动消失了,我进入了无垠的草原,想驰骋多远就驰骋多远,想驰骋多久就能多久。我进入的境界跟崩溃无关,与自我摧残也无关。它首先改变了我成了患者或患者家属后内心出现的悲伤、自卑、孤单和无法自拔的纠结,在无思想的倾听中我自觉成了富有的人。

我自觉脑子一与让现代人热情澎湃的"富有"两个字联系在一起时,我的思想就迅速激活了,整个人激动不已。我轻松地把能打开这富有开关的钥匙抓在自己手中,一切挫折感和无奈都成为烂苹果丢了,一种新概念浸润出的新感觉,张耳即有,闭眼也在。它让我着实已忘了自己是个患者或患者家属。

母亲总说:"这扇门不开时,换一扇一定是开着的。"一个人的倾听,这我与世界的另一种交流方式,就是这样在苦难中奇妙地走进了我的生活。它让我摆脱了内心的喧闹和冲突时,我开始了新的寻找。

狗吠声与乌鸦声

有没有人会无端地把自己置于痛苦的境地？没有。古罗马皇帝玛克斯-奥勒留说："对于肉体，痛苦是一种罪恶，对于灵魂，痛苦也是一种罪恶"。但罪恶的痛苦，不正是想通过心灵的虐待来达到它的目的的吗？

夜寒寂静，小区外那只白天总能见到的黄毛狗儿却异常情绪化地狂叫个不停，这自然而然地让我把它与妻病的肆无忌惮连在一起。但这是真是吗？它会不会有其他的动机，想通过叫声引起醒着的我注意？

妻子明天要住院治疗，今晚，我们不用说像往常一样相互关照一声早点入睡了，即使是强迫自己睡去的意愿都没有。连日来，亲戚们众说纷纭的都是化疗的副作用，我们听了内心除了翻腾着恐惧和不安，再也听不到其他安慰性解释了。事实上，此时的任何解释都是没有用的。

然而，就在我以"没有"之心倾听时，我却突然清晰地听到一阵乌鸦的叫声。

刚听到时，我的内心一阵惊悚，因为在我的家乡乌鸦被视为不祥物，自小我听到它的声音就会张口"呸呸"不停。但现在听了几声后，我似乎已经没有什么真正的排斥，反而饶有兴致地认为，这叫声或许是来自东京葛西街头蹲在地铁口的那一只，也可能是若叶町已有上百年历史的樱花树上的那一只？

在日本，乌鸦可是吉祥物。我在那里住多了，听它的叫声已经习以为常。甚至于，在日本的一个个晚上，我都会对自己说，明天我将与乌鸦拥有共同的一天。

世界上的任何声音其实都是单纯之声，我们都不能赋予厌恶与反感。这狗吠声再传入我耳中时，它不再像是被强烈地灌进，我因为懂得倾听它而产生了交流的意愿。这时我看妻子已经呼呼大睡。夜无明，这狗叫声却是一闪一闪的，原来它是启悟惶恐中的我如何去听外来之声。

湿润的蛙鼓

夜晚只会把狗吠声传播给我？这不是事实的全部，今晚蛙鼓也是存在着。

这久违的季节之声，真让我超凡脱俗。

几十年前，这湿润的蛙鼓之声常常在我与妻工作的故乡那个县城的深巷里响起。那时候，温情的月光总是潺缓在褐色的瓦背上，也漏几星照亮蛙鼓和我们的浪漫。我们走在长长的梓城巷里，可以说，每次激情的产生都是与这蛙声相遇。这是我与妻一段最幸福的时光，蛙鼓寄托了我们的追寻与梦想。

只是今晚，倾听中的我已不再会像以前那样去追寻它鸣叫的位置。我只是想肯定，我们十几年前来到省城居住，蛙声早已是记忆的一部分，今天怎么又会来轻叩我的耳膜？难道是想告诉我一个真相吗？我发现自己这样问时，心湿润了起来，这可是蛙鼓的本性啊！我的心瞬间因有察觉而更新。

这蛙鼓也是夜晚完整之中的一部分啊！就像妻子生病本也是人生中的一部分。今天的生病是昨日健康的延续，今天的健康是昨日健康后的健康。我这样想时，隐隐约约感到蛙鼓声对我心里的疗愈已经发生。

妻子的呼噜声

今晚,妻子已呼呼大睡。我在习惯性地稍睡后又醒来时不禁问起自己:我的灵魂啊,我怠慢你了吗?

今天是妻首次化疗出院的日子,全家人都非常高兴。妻睡眠质量向来很好,住院期间出现过不正常,今天回家又安心地睡着了。

我一边在倾听,一边回想起这次化疗过山车一般的经历。自妻生病后,我也成了一个患者,这是不经历过的人难以理解的。她得的是身病,我得的是心病,我要承担的压力一点也不比她少,然后,现在又有谁会来安慰患者家属呢?

这几天,我在信息对称与护理诱导上做了有效的工作,现在是自己审议自己的时刻,我看到了自己工作的意义。我的"意义"是以一件件细小工作的成功来取得妻子的自信,让她觉得我们没有必要为一个概念吓倒。既然出现身体的阻碍是正常的,我们突破它并有用于我,也是可以。

虽然学会倾听,内心已经放下了许多,但疲倦感还是让我觉得还可以放下更多。只是环顾左右,我还能再放下什么呢?现在对我来说,能听到妻子匀称而富有节奏的呼噜声是我最大的放不下,它着实已成为我心灵健康的响应。

"你睡了,痛苦却醒着",这是谁说的?呼噜声一旦与痛苦并存,这就让我看清它也是夜晚完整之中的一部分,是我大爱之中的关系之声。由于爱就是责任和慈悲,注入了人精髓里,包括心跳,那么简单的苦乐感也就不存在了!

今晚的倾听

是什么成就了今晚的倾听？是墙。我与夜世界因墙的阻隔而产生了一种新式交流，那么这阻隔就不是坏事。

我此刻听到的是玉川上水的哗哗声。这条格局不大但修养深长的小溪流，就是因几次石头的阻隔而水声哗哗。我曾几次想下去亲爱它，无奈都因栏杆善良的阻隔而作罢。

我一次次的倾听都是倚着桥廊，然而，就是这样一丝一毫也没有影响我的倾听。我欣慰自己不是音乐家，不会听着听着打出谱来。在一个无时间、无标识的空间里，我哗哗地听着，神识极其轻松自由。

印度哲学家克里希那穆提在拙火时，神识曾经浮移到旁边的一棵胡椒树上，让他尝到了大爱的美妙滋味。现在，我在听这哗哗水声时，身与心也是飘着的舒适。

其实，我知道是电风扇的声音让我联想起了这一些，一颗克服阻隔的心让我面对一切都充满了喜悦。尤其是在我们展望生命前途时，哗哗水声印证了一颗无量的心。

自然的脚步声

我在寂夜总会思考这样一个问题：孩子的晚上不会无眠。为什么？是知识、经验。比如，一阵阵脚步声传来，我以前总会探究：它是从哪里来，准备往那里走？这样思来想去地在知识、经验旁徘徊，结果失眠的毒素产生了。

今晚，我以"我不知道"、"我无须知道"来谢绝问题的拜访，问题就没有在头脑中扎根的必要。脚步声成了司空见惯的自然之声时，它让我想起自己的脚步声，我无须因为听它而又无端地去担心它。

我联想到我白天在医院碰到的一个患者家属，由于他在病人面前无端猜测病情加重了患者的负担，遭到了医生的批评。这是对的，只要我们有发挥之心，就永远不能了解到真相。我们一知半解的所谓知识、经验去探究病情，无疑是一个人去偷窥别人的黑暗。

我不知道，我无须知道，这是为了消除刻意。要知道，自然之心才能医治自然之病。

定山溪的虫鸣

今天从东京到北海道，看天空湛蓝，飞机却在空中多停留一分钟的意愿都没有；大海也是蔚蓝无比，轮船激起的波涛翻滚有多美，但也是急切地要求靠岸。这说明什么呢？说明无所住留是万物的本性。

晚上，我们住在定山溪，接待我们的是一群从未见面声音却又很熟悉的鸣虫。我想不到深夜了它们都还这么活跃，我穿着跟它们一样的衣服试图拉紧距离，但它们还是深藏在我只闻其声不见其身的地方。难道它们是以这样神秘的方式告诉我，不要像白天那样东张西望吗？因为真相不是那么容易捕捉到的。

因之，我泡了一杯抹茶，重新在倾听这些虫鸣时，想到了美如何焕发的问题。旅游的概念让我懂得，我已几次站在一个剧场的门口，里面有一场精彩演出已开始千万年。

艺术的钻机声

倾听不知不觉间会成为一门艺术,这和我的心情有关。

今晚,一阵熟悉的、匀称的机械声响起时,我也醒了。这样的情景以前已有多次,我总是很不开心,并揣测这机械是早起的焊接机的声音。多少次,还曾想投诉店主骚扰了我们大家的睡眠。

今晚,我倾听时态度大变。这首先要归功于一段时间来的放生,让我有了慈悲心。这声音响得越早,我想象中的那个弯腰作业的人正承受的苦难越重。而且,我听到了这个声音,正好说明我们是一同受着苦!虽然,他站着,我睡着,但一样的苦难都是无奈的醒着,本质是一样。

慈悲产生时,我是像一个亲戚今晚来上门一样欢迎它。并从内心否定是它吵醒了我,至少我们是一起醒来。继而,我顺着它的旋律优美地想象它在跳着街舞,并肯定它溅起了一地的碎屑——可那都是虫的鸣叫,还有鸟的呢喃。

倾听的艺术产生了。我再想起白天一个个钻心的问题时,内心充满了柔软。

台风的态度

一阵阵急躁、强暴的声音无休止地敲打紧闭的门窗时,醒来的我已经找不到倾听的感觉了。今晚,天气预报说台风要来,它真的来了。我一个人倾听时的狗吠、蛙鼓、虫鸣,包括钻机声都难闻其声了。

难道我就不能从台风的肆虐中听到真相吗?倾听的心打开了。我首先听到台风刮过是让一排大树来承担责任的,但它们的每张叶子的反映都是持忍受态度,很少有放弃的念头。一声鸟鸣此时影约地传到耳中,凭借我已倾听多次的体会,我断定它们是正在抖动羽毛,没有一点不快之意。

是的,台风是地球的一种态度,树和鸟的作为也是一种态度。我们产生恍惚是没有认清任何态度在当下都是正确的,都是在变化中,只要我们有延续之心。

其实,就是在白天,我自己何尝又不是在埋怨雾霾的作孽?我也是在表达一种态度。但我弄不懂一整天额头紧锁是因为它还是因为其他?比如说,今天我为了办一个治疗手续,与许多人一样在一个闷罐一样的空间中汗流浃背地等着,而不得不忍受相关人的任性?还好,无论情愿与否,我们在苦难面前都有了延续之心,捱过了这难捱的一天。

台风中,我因为有了延续之心后,一切都像雾霾吹了个干净。当焊钻机按照自己的态度响起时,我断定台风走了,留给我的是天地与内心的大通透。

继续倾听

继续倾听，总是在我倾听了一会儿睡去又醒了的时候。我相信我离黎明已不远，只隔了一层轻纱。

因为倾听，我一开始就变得富有；继续倾听，更是上天把这种富有再赋予极少数人的时候，不要客气，我就在其中。

当然，天还是无明，但转换的动因已经产生。但我无须太早地谋划，至少现在我比谁都拥有早。也许我还是个痛苦的患者或患者家属，我还是能倾听到痛苦，但已经没有痛苦的感觉。我当然还是一介平民，但我跻身人海将是活泼而不是挣扎。

即将辗碎的虫鸣

当早晨的第一辆公交车按自己的责任辗压过来,我知道今天来了,但代价是我倾听了一晚的狗吠、虫鸣、蛙声都被它辗碎了。

我由此领悟到一整夜的渐进是太奢侈了,整个世界的解脱已经变得刻不容缓。

当然,我们的孩子们还会有大人护送到幻儿园,今天他们一如既往地画那一只只鸟。只是他们何曾知道,这鸟画得再逼真,也是不可能有清脆的鸣叫!

那么,这世界是越来越好了,还是越来越糟了呢?这个很少有人去问的问题,真的是要困惑人的一天乃至一生了。

卷五 两个人的自返

题 记

寻找热情,
就是为了生活的自返。

生活的自返

早晨,我忘了我是什么时候醒来的,只记得妻子叫我晨练时,我的双手就不由自主地舞动了起来。

起初是脑子混沌、毫无思想,渐渐地才出现一些知识、经验,比如养生、空气质量、昨晚梦境,甚至信仰。不执意去制造,该来的一切让它们自然而来,心就像对面吹来的山风一样清洁。

忽而,一个全新的念头冒了出来:以前晨练都是我叫妻子的,今天可是第一次呀!是啊,快半年了,她扮演的总是被照顾被提醒的对象。一阵喜悦涌上心头。不言而喻,她这样崭新的状态,会有足够的力量与行动,去融化这五味杂陈的社会。

这是妻子的一次本能自返,然而,它能带来宁静和怡然。

寻找热情

我发现，我们一早起来这样不停地甩手、扭腰、摇头、呼气，最后摩头摩脚，其实就是为了激发自身体内的热情。一个程序下来，尽管还达不到大汗淋漓境界，热情，却是真真切切地生发出来了，周身洋溢。

妻却从近些年从不出汗的角度，把病因归结到这里，但到底如何又已经变得不重要。实实在在的是，我发现这个社会热情的缺乏，忽视了它永无止境的创新天地的存在。可以确定的是，热情具有的正能量，让我们的早上不再陷入黑暗。我发觉我们的热情尽管渺小微弱，但一旦传感到社会就会因弘扬它的品质而凛然大气起来。

这是自返的生活，它首先让我们明白，这是我们拥有的最好的一部分，也是可以有梦想的一部分。

真正的满足

　　早上几天不练，身体产生了隔阂，我们的头出现了眩晕。我们没有逃避，没有认为对它无能为力。它只是一种存在状态，关键是看我们能否从中解放出来。这样一想，心就站在一旁观察起眩晕来，在有心无心地期望许久后，又有了自由通达的感觉。

　　我脑中曾瞬间产生究竟那眩晕是什么东西的念头，但最终没有。我相信那眩晕与内心已没有多少关联，无须我刻意去寻找了。接下来的练习也停了下来，与以往相比似乎更显短、弱些，但我不认为是马虎潦草。我其实是在有意磨灭我们自身存在的永不满足，为自返积累习惯的点滴。

　　在适可而止的境地中寻到真正的满足，是让我们懂得一些本不属于自己的东西就不要寄予期望了。

解脱的感觉

早上锻练一个程序下来微汗已出，此时与妻交谈起病情中的忧心事时，她往往已能解脱出来，会少去平时曾有的许多无明与混沌。

是热情成就了解脱，并让它成为日常生活的全新方式。我们要做的是让解脱形成习惯，这样我们受的限制、束缚就会越来越少。我们的内心会变得愈加自信、豁达，处理问题的方法和途径反而会越来越多。比如今天，按平时说本该是麻烦不断的一个早晨，却突然因心灵解脱了悟而心旷神怡。

我站在阳台上，感觉有解脱的生活是这样的无拘无束，是飞翔，是没有经验和知识的了悟。这样的感觉虽只有瞬间，却也能把亘古以来的一切和将来的一切看清。

老照片

　　准备上班前，我们突然又出现希望自己能回到以前的时光，像曾经有过的那样爽朗的笑的想法。看时间还早，我们干脆坐下来接受了自己的想法，打开了几本老相册。

　　我们毫无顾虑地回顾了几十年来的历程，包括经历过的重要的人和事。我们发现所谓的幸福时光，其实都已是老旧了的一部分，可以看出爽朗的笑过，但也已干瘪。凭它们——这些老照片，能给我们的今天带来快乐的感觉吗？显然不能。

　　弄清我们到底需要什么，在寻找什么，确实变得很重要。如果我们以受伤的感觉去寻找，找到的任何答案都不会是新鲜的，这也不是自然的自返生活。这是为抛弃烦恼自己又在不停地想象着它。

不期望更好的结果

早晨,陪妻到医院例行检查的路上,我突然告诫自己不要寄希望于更好的结果。以前,把希望寄托在好结果上,结果发现常常是一厢情愿。从中发现我们还没有自返心,因为有自返心的人,是不会活在自我限制里的,限制是在逃避现实罢了。

期望更好的结果,这本身就是意味着贪婪、无知和野心。有自返心的人都知道生命的本质,他们依靠自己的信仰又不会被任何信仰所局限,而创造一个别人无法到达的境界。

其实,不期望更好的结果,只是把自己的一切确定在自返的生活里。自返是什么?自返就是懂得适应自己能够客观看待的生活。

木架的倒塌

出门就有的不安来自昨晚的梦境。梦中有无数的钢管砸向我,我出现了严重的崩溃。

这是不是妄念?还是钢管倒下的知识和经验阻碍了我的判断,严重造成我与事实的对立?还好,我今天内心的勇气已能开启崭新的一念:我迅即把铁管崩塌,举重若轻地看成了我七岁时,父亲带我到故乡山坡上搭起的那个木塔的散架。

思想不设限,对梦境的印证之心也没有了。我曾经有过多少次因有印证之心,出门就困惑无比,以致妻生病的前几个月,还曾出现骇怕做恶梦影响第二天检查结果而宁愿少睡的荒唐。

没错,现在许多事实证明这就是无知荒唐。没有活在当下的快乐体验,就不会有真爱的出现,而真爱恰恰是我们唯一靠得住的自我救赎。

梦境也是现实在人心中的反映,但它是如此强烈、夸张地暗示时,我就不得不审视起自己内心是不是无邪单纯,懂得无我自返。

洞　见

你希望病往好的方向走，它就能往好的方向走吗？今天，我与妻为一个体检指标忽上忽下、心情像这雾霾天一样时，不禁问起了自己。

我们这种一厢情愿的祈求，无非是追求心理上的安全感，但这祈求表面很正常，其实也是充满贪婪和虚幻。

天顿时放晴时，妻也立即洞见——与其被指标的扑朔迷离所困，不如行动起来做力所能及的自我救赎。

妻没有让心受制于逻辑分析，已懂得从更大的范围去洞察真相。我心悦其这样的洞见一旦成为习惯，心中自然会长出利于洞见的元素来，崭新的自返心的出现就会变得毫不费力。

敞户睡觉

心里总像有股喜悦在涓涓作流。早上，在车上自我观察时，我找到了源头。一段时间来的敞户睡觉，我习惯了。

以前心里总有一个经验存在，睡觉一定要关门关窗，好像不这样做后果会很严重。我们原来都是从外面的那个世界来，最终还会回到那个世界去，人生短长百年，大部分时间都会呆在外面。可为什么我们对它反而害怕了呢？是因为经验、教条。

我敞户后，最大限度地接受了自然，猛然有遗世独立的生活模样。一块纱巾裹着的是一颗安然自返的心。我无须记忆、缅想，内心听到的是富有活力的跳动。我欣喜，正是这跳动之声的氤氲，让我身体像树一样在遭受蚊蚊叮咬时，有超乎异常的纯真和温柔。那些平时我们唯恐避之而不及的小生命，它们不是向我攻击而只是来作一次短暂的停留。

我与自然的这种关系，一旦被我们看懂后，不是利用，而是真正爱它的心就产生了。

状态中

　　今天出门的路既通往办公室也通向医院,但无论通往那里,都只能是让我们更接近解脱。如果我们的热情出发时就充满针对性或仅仅只是为了解除痛苦,我们就无法去爱这需要不停地奔波的一天。我们就不是在过真正的自返生活。

　　我们像爱好者一样,去爱好自己有所钟情的艺术门类,思想不会被种种专业所局限时,我们就会觉得只是当下喜欢,明天不一定会。或者说,今天我喜欢诗歌,明天或许是喜欢绘画了。

　　不用说,我们已经掌握了自返的精髓。然后,这样我们就会把今天看成是一种状态,对眼前的一切爱它、关怀它的慈悲就产生了。由于慈悲具有深刻、强烈的特性,我们感受到的日子就不会空洞、肤浅、缺乏意义。

雷雨中出行

今天在雷雨中出行突破了习性，我与妻都内心惶惶，跟其他人一样都是自顾眼前。

本来我们完全可以错开出行，但因为心中有个时间执，且寄侥幸于雷雨或许已临近尾声这个预期。结果是我们行程似乎是刚好与雷雨同步，一切都经历了。

此刻，我们无法欣赏两边修葺一新的路景，事实上，此刻我们连欣赏的兴趣都没有。我们困在车内就是一个无名氏，即使是做了很大的荣耀的善事，我们也只能如此。

今天，我是陪妻去拜访一个客户单位，只知道他在一幢大楼之内，我们不知道接见我们的人是谁，会否有收获；且决定了路上遇到的悲情无人会同情，也无处可以发布。但我们只能往前，去经历这一次的习性的突破。可能碰到的挫折，让我们懂得，我们只是一个正在寻求安全感的无奈者。

我们现在的心情是对外面的一切可能的遭遇都能接受，这其实也是够了。

卷六 一群人的喜悦

题　记

从"抓"变成了"放",
是人生拥有喜悦的开始。

启　蒙

　　必须申明，我在妻子病情确诊后，首先想到的是灵隐寺的大雄。他当时成了我们的可诉之人。事实上，他也是我们能得到的唯一安慰。

　　那天，整个杭州都在雾霾中，我在释尊前，却非常清晰地感受到他的眼睛亮了一下。只是我一直无明，一直参不透，是要告诉我一点什么？

　　大约是一个月以后，妻收到了一条微信。二十年前，加拿大著名电视节目主持人安－库姆丝女士患皮肤癌晚期，最后靠放生挽救了自己的生命。我们看了这个信息后，恍然大悟：身体与心灵产生痛苦时，原来大家是感同身受。我们有多少痛苦，他就有多少慈悲，立即行动起来，才是他的期望。

　　仿佛是塌方的隧道里，突然喜悦地塞进来一根氧气管。

第一次

虽说放生原本千百年下来已形成一整套完整的规范,但真正事到临头,我们还是不知从何处下手。第一次放生就是自我主张的结果。以前都是从水中抓鱼,如何抓,我自小就知道有一套有趣的办法。放生却是从农贸市场买鱼放回去,从取变成了施。

这是人生的另一种形态,这样做似乎正在引导人走向喜悦。像吸食了非常有益的东西那样,瞬间全身热情洋溢起来,产生做了一次还想再做一次的渴望。

由于放生的物命都是从别人手上抢救下来的,一开始就很有成就感。一个个生命从手中喜悦地浮游出去,更给人无限的遐想和牵挂。

喜 悦

今天早上醒来，放生的喜悦就从心头溢起。那放生了的小生灵，成为一种亲情般的牵挂，这对我们孤单的心境来说是一个大慰籍。安详、稳定，最重要的是希望——这人类最宝贵的东西，又回到了我们心中。

昨天，我与妻在市场买物命时，心里多少还有些拘谨，到了现在，这种喜悦已经让我们不假思索。我们懂得，我们是在赋予物命以其原来就应有的一份生命，那么，这就是自然之举。

不言而喻，因为放生，我们的人生已从一个境界进入了另一个境界。

失联航班

上午，汽车电台传来马航飞机失联的消息时，我们正在钱塘江畔放生。我在选择放生地时，原以为这里依山傍水是个居住的好地方，也该适合放生，到了现场才知道江堤观景台离水面太高。一袋物命真也是像马航飞机一样抛到江里，有的逃出来了，有的恐怕就不一定了。

一个上午，我与妻子尽管在风景秀美的梅家坞茶庄喝茶，但妻从此事的毛躁懊悔中解脱出来似乎成了很困难的事。今天是释尊出家日，联想起马航失事，而且据说里面还有几十个刚刚参加完法会归国的佛教信徒，我的内心也出现了二元对立。

下午，我拜访了朱永亮先生，与其谈着谈着领悟出了内心对立产生的缘由，是我们心里对死亡惯常有的恐惧。他说，试想有一天，当我们能真正认识到人生其实只有苦，我们内心产生人死后也许会快乐一些，这样的想法时，对立冲突就不会存在了。

一股淡淡的喜悦涌上心头。佛说，出离轮回，才是人生存的最大目的。看先生的办公室书架上摆放着的先生与星云大师的合影，我不禁想起大师所说的一句话："有人伤害你，是来度你的。"

冷漠的看客

世界上许多东西目前都难以有答案，因为他们每时每刻都在变化着。

妻子手术后需要辅助治疗，在准备采取靶向治疗时二次基因检测都不符合，我们在沮丧中停止了许多想法。不想，不可思议的事情就是发生在我们懂得谦卑的时候，在最后一次概率极低的检测中她成功了，而且有可预期的极强的疗效。

我与妻都高兴地说："放生帮助了我们。"

不过，我现在更关心的还是人与人之间那个同样看不到但天天能感受到的"基因"能否融合？人与人似乎离得很近，其实很远。今天，我在医院挂号处看见一个中年妇女，她是那样痛苦地蜷曲着，而我们每个人都忙着自己挂号，居然无人过问、关心。

许多人只把自己当作看客，或许也仅仅是被漫不经心的所误，但却失去了按喜悦心去帮助他人的机会，自私、冷漠，自然而然地就出现了。

甲鱼之死

人的心中总有几件惦念之物或几个惦念之人。对我来说，家里庭院水池里的那个甲鱼就是。

我郊区的房子装修好已有四五年了，却极少去住。邻居老葛告诉我家院水池里有一个甲鱼时，我还惊讶不已。它是何时从何地何缘入得家来，我还着实思虑过多次。刚开始我还担心它会饿死，慢慢地，它从小不点到碗口大时，我确定它与我家有缘存在着。

妻子基因检测成功的那一天，它却突然消失了。是它替我妻去赴难了吗？我这样问了好几次。我这样问时，不禁黯然神伤。

放生让我们心生慈悲，让我们没有比现在这样的关注一切生灵的生命。今天，我在富春江湿地旁放生时，突然看见一只像我家消失的大小一样的甲鱼看着我。我心念喜悦地一动，我与这甲鱼还有那消失的甲鱼的关系，不正是观者与被观者的关系吗？

一想到我们的关系是这样的美妙融合，我们心中曾有的惋惜、愧疚不见了，心中巨大的空间产生了。它自由了！我喜悦地想。

给自己放生

　　一方面是我们在往湖面放生，一方面又有零零星星的人在垂钓，我看到了，这是不是说明我的内心形成了新的制约？

　　刚开始时，我心里不无疑惑。后来，经声响起，在四周飘荡许久后，我看见垂钓的人没有了。"因为钓了其中任何一条都会认为是放生的，心里过意不去，"一个钓者说。显然，他们心中的慈悲得到了弘扬。

　　但这还不全是放生的目的，放生最终是要以慈悲心去摧毁人心灵所有的制约。任何制约都因心灵缺乏喜悦而起，它只是心灵活动的一个副结果。问题不在这里，问题在于我们要像曾经在湿地旁隐居的那个元代画家黄公望一样，懂得自己给自己放生。这才是人生的喜悦智慧。

什么最重要

每周一次的放生活动,我们不是在累积经验、功德,我们只是把这不断重复的工作当作聆听佛音的喜悦机会。

以单纯的喜悦之心去觉知,一些变化就会悄悄发生。许多卡在眼前的问题,都会在放生的过程中得到暗示,找到答案,心灵偶有所得。

无论怎样的修行,如果没有心灵的收获,那都是意义不大。从不断重复的工作中体悟到认真、深刻、喜悦,这是最重要。

世上最早的放生池

今天,偶翻天台宗研究专家朱封鳌先生著赠的《天台宗史迹考察与典籍研究》一书时,获知始丰溪为世界上最早的放生池。

据朱书说,《佛祖统记》载:"放生,《光明经》述流水长者子救鱼十千,天子报德,此缘起也。智者买断簄梁,悉罢江上采捕,此立法也。"明确指出,天台宗智者是世界上第一位缔造放生池并为此善举"立法"的佛门大德。

始丰溪始于我家乡,入天台,出临海。古时古人就将始丰溪三百里域禁渔猎,永作放生池,即使是在今天看起来还是有很大的功德,我心喜于此。

一缕暖阳

放生会让人有慈悲心。

早上,我陪妻子住院时,听到邻床病人因病情加重而低泣,妻子心中出现了慈悲。她做了许多努力就为减轻同室的痛苦,而忘了自己也是重病在身的人。

饭后,我们在过道散步时,她一反常态侃侃而谈,从生命的无常到印度焚尸炉旁玩耍的孩子,以及皈依佛法之人临终前的淡定。我心生欢喜,是放生让她有了慈悲心。忘了是哪位哲人说过:一个人在身陷困境时,如果最后想到的还是仅仅是自己,那他真是没救了!

一缕暖阳喜悦地照进了妻子冬日里的心谷。

卷七　大家伙的制约

——东瀛行记

题　记

浅草寺的"草",
是没有制约地长在人心里。

葛 西

东京的夜晚,是一个超越感觉美的地方,一切都可以凭我想象。

从机场到女儿住的葛西,面对一路上无法度量的不可知,我没有请求诠释的意愿,我不想一开始就被制约,我与妻一样现在只有热情。

这一切,都是凭借了一家人的劫后重逢。尽管疲惫、迟钝、饥饿等都是事实的存在,但现在我们因太想知道在劫时彼此的想法和感受,这一切都被抛在了一边。

不想,这一抛,我们都获得了至乐和满足。

低声低语

  无论我们怎么褒贬日本人在公共场合的低声低语,这杯怪味的汤一出门就递了过来——我们必须喝下去。

  接着,我们也低声低语起来,天天如此。我们的转变过程在被自己奚落一番后弄拙成巧,异域的文化背景投射进了心里。

  这会不会形成内心新的制约?我瞭望内心和外境后感觉好像并没有发生,我们总归是解脱了出来。

  由此,我想到了妻子几次化疗。在一个极少有个人意志的氛围里,她也是喝下了没人会喝的汤,不,何止是汤,就是毒药吗!我们不可能当作什么都没发生,这是我们最受制约的一章,也是我们人生最尴尬的一章。

  所幸的是,我们总归也还是从中解脱了出来。早上,妻子声音像往常一样声音高亢宏亮地走在葛西街头时,我们欣慰无比。

浅草寺的草

每次到东京都是从浅草寺开始我们的观光之旅,我们内心早有一份情愫存在。就像看见大佛,我们的双手会自动拜起来。

我没有诠释、探究,是不想把我们这自然、单纯的心念行动赋予复杂的意义。如果里面再透出一些暗示,那更了不得,这势必会心有制约。

在我看来,一个被母亲抱在怀里的小孩之拜,与一个有丰富经验的哲人之拜,意义应该是一样的。

浅草寺有没有"草"?如果有那应该是长在人心里的。它只有引领你的启示,却不会有其他任何无端的想法,甚至是制约。

老 人

在日本的一个个旅游景点，我们碰到最多的是一个个头发花白的老人，是他们在旅游或接待着。

这个社会一旦失去精神支撑，它势必塌倒！我不止一次地这样想时，心里的恐惧已经产生。

今天在函馆，我与妻在泡温泉时又都遇到了他们。集体主义和娱乐当然能暂时克服恐惧，但恐惧始终是醒着的，它一直都在那里。

对于我们来说，这恐惧来自我们患者身份的本身。内心有此想法时，我们自己就是痛苦、恐惧。这是我自己给自己的制约啊！

我认识到时转化的时机也到了！

我是在往别人身上贴恐惧的标识时，恐惧也拜访了我。这促使我拿出勇气把恐惧推向一边，它是它，我是我，我们应该没有多大关系。

榻榻米

　　从榻榻米，到穿着古装的学生，我觉得日本社会在珍惜古文化方面值得我们学习同时，似乎又被一种思维制约着。

　　它没有从集体主义的意识中解脱出来，透露出来的还是那种惯有的野心勃勃。与之相联系的恐怕就是心里有受伤的感觉，力挡着痛苦的靠近而变得执着。

　　难道这不就是一些患者的病态心理吗？

洞爷湖

（1）

虽然我知道一个人日后的岁月，能有怎样的境遇，完全需要看掀起的无知帷幕之后所展示的情景而定。但我自妻生病后每时每刻都在自觉不自觉地在发掘的心灵，还是感性地把洞爷湖当作寄身的熙睦之境。

今天，我们先在宾馆外露台脚泡温泉，找到高纬度让我们失却了的热情，随后热情漾溢地徜徉在湖畔。妻明显难以承受湖风的劲吹，它让我明白这里还不是我们无所顾忌的未来。我是在观察自己的快感转换时，发现自己享乐方式受着病态的制约。

风却是在我们毫无知情的情况下摆停，我看到了晚霞与湖水的交相辉映。这是我在妻受苦的情况下看到的，仿佛是菩萨用心智织成的密码图，深不可测又美不胜收。

（2）

昨晚，洞爷湖上绽放了一晚的烟花，原来是我们巧遇了洞爷湖百年开发纪念日。我们住的房间恰巧临湖正面位置，每一次绽放出的美丽都清清楚楚。我临窗眺望时，总觉有金光闪闪的菩萨在里头。

早上，我们往为数不多的镇上街道上走了走，真看见了一个地藏菩萨庙。哪里有人，哪里就会有佛殿，这是我的经验，但北海道原本说起来是如此偏僻的地方，也还有这样香火不绝的庙宇存在，我心里还是相当的振撼！

我震撼也好，震惊也罢，这之后就是痛苦的醒悟——只要有人就会有制约，即使是再熙睦之境也是苦海无边。

神　社

　　日本是个信仰佛教的国家，神社与人的日常生活如此亲近，还是出乎我的想象。一墙之隔、推门可见、临窗能望……这些都比较其实地表达了日本人的生死观。我看他们的行为没有造作，都是自然而然地产生。他们在看死亡，这类我们唯恐避之而不及的问题时，那份欲望和痛苦往往已经消失。

　　一个人有了正确的生死观，心里就会少去许多制约，在世时的生命质量就会大为改观，色彩也会明亮许多。

樱　花

从东京到京都，又从京都到东京，我们在追逐樱花由南向北的开放，颇有点像年轻人追赶东方神起。

我们感觉心被一种力量牵着那样，没有该有的安静。直至今天早上，在若叶町，我早上起来发现一场雨加雪把樱花全打在地上，我才明白，我们再追逐能看清的不过是一两朵的忧伤、寂寞和慌张。

樱花本质上就是雪之衣、冰之皮，用心冷薄。我在这场清明雨中徜徉，相伴的每棵樱树都是栽自明治维新时。我的所思所想都与激情或制约无关，但一颗无法限量的心却已经出现。

清水寺

　　雨中，第一次乘有轨电车到清水寺，感觉自己是日本早期的一部扣人心弦的电视剧里的小角色。

　　清水寺正在装修，樱花却毫无约定地等在那里。我由此看到了一个叫酒井雄哉的人的身影，他也是没有任何约定良善地等在那里。

　　京都把繁华让给了东京，也把宁静、闲适留给了自己，当然还有不玄想的心。这是没有贪恋、制约的结果。一个城市像一个人一样，若是能恬淡地觉知，日复一日地做一些重复的事情，他心中的良善就出现了。

　　樱花就是这样，当许多果树都已死去，它们还活着。它的价值是总能让人处于正面理解的状态。

玉川上水

　　人生要简单,但生命的体验要深刻。每次,我站在玉川上水的溪畔,发现用惯有的小溪流经验去接近它时,我是太浅显了。溪水哗哗,却是流淌在四五米深的沟壑里;两旁都是上百年的参天大树,让我确定裸露在外的根系绝不是钢筋水泥的伪作。它是充满沧桑感地流着,两侧是依地貌不断转换的图案色彩,像一个画家不企盼名声在外带来的满足,无理由地把自己置于彻底而深刻且没有制约的地步。

　　我每次来回散步,思想都会进入一个以自然与神秘为主题的画廊。我在语言阻碍的情况下,保持着美的感受力,整个人生将不会被美吓倒,而是被倾倒。

奴　性

　　从函馆,一个自以为前途无量的方位去眺望时,我内心的能量瞬间被激发了出来。得到无边无碍的启示,心智是那样的自由。

　　昨晚,与妻曾久久地凝视这个海湾,眼前是扑朔迷离,但我们确信不是幻境。它没有试图制约我们,是我们自己反复证悟,自由对我们的重要性。

　　早上,我们在自由中才发现,自由是有范围的。我们越感觉它重要时,它越显狭窄——我们充满惶恐的是我们心智的奴性啊!

无住留的美

昨晚,与妻到海边渔排上就餐。我以一种存在状态来补充心念,并没有唤起我内心的热情。

妻也有同感。半夜醒来,想一整天来的所作所为,觉有一个根本性的错误存在于心——执着,让我内心还时常受制于时间、时空,什么都有所住留。

今天早上,与妻在海边散步,海不再是"喋喋不休"。我非常安静地看海及海边的几个沙雕,看到的是它们身上存在的无区别、无区域、无时空局限的无住留的美。

卷八　我对你说

题　记

我们为什么会生病？
答案是没有的。
答案如果是确定的话，
世上一切痛苦就会止息。

答案是没有的

　　你为什么会生这个病?这是每个患者和患者家属都会有的设问。我告诉你,答案是没有的。答案如果是可以确定的话,世界上的一切痛苦就能止息。但是,许多人还是会长久抓住这个问题不放,肆无忌惮地凭空想像出一个又一个子虚乌有的答案。这势必会助长内心的混乱。要知道,我们现在最需要的不是解答!事实上,只要你有探究之心,任何人的答案都不会满意。

今天面对的一切都是真实的

你要一个生病的答案，无非是想最终能摆脱它并回到以前所谓的"健康、阳光"的时光。这说明你的心受到了突如其来的震惊后，已被搅动。你想回到以前那段回想起来还算满意的时光，似乎没大错，但你却不知，你今天面对的一切无论满意与否也都是真实的。在我看来，那种渴望永远宁静，渴求奖赏或害怕受到惩罚的想法，本身就是心无明的产物。为什么？这是由人性的不完美造成的。生理上的痛苦最容易反映到心里去，原因是我们有执着，我们害怕自己或执着的人会在有一天突然消失。人性的不完美本质告诉我们，我们只有通过建立起信仰才能抵挡痛苦。

深度和广度

你生病后,我们都成了患者,有了心灵与肉体的挣扎体验,应当更能觉知到的是什么?苦。

苦是明明白白存在着,我们觉知到它,就能真正搞清到底是什么造成了这一生命中无处不在的缺憾。一旦我们有了深度与广度去认识它的意愿,心里已没有什么障碍能妨碍一个崭新的世界推到我们的面前。

我始终认为,我们在疾病的痛苦面前,从苦开始实践离苦得乐的方法,就完全能保持内心快乐,内心的尊严和从容。

自信的源泉

别人的一句话会让我们的内心失去平衡,这是不自信的表现。要知道,无论别人说些什么,其实都是对病情的一知半解,我们唯有保持正面的理解。无论人家有意无意地对我们做了什么,我们内心都要保持慈爱,这是自信的源泉。

虽然有意识地去造成改变,还不可能是真正的改变,但我们努力去做了,一些标志成功的东西就会一点点地积累起来。自信自然而然地产生时,日子也就能一天天地延续下去。

取得成功的办法

不可否认,一次次成功减轻了我们的恐惧,原因是成功最容易体验到真相。

现在,如何取得更多的成功的办法就显得异常重要。我们所有的工作应该没有巨细之分,确信每一个的成功就是为我们自己建立起安全岛。

一个人在生存环境出现变化时,最容易产生恐惧,我们的工作就是保持特别灵敏的触觉,制止这种情况的发生。

这样的感觉真好!每天我们有这样的认识时,一切恐惧就都成为虚幻。

活在当下　理解生活

没有恐惧的生活是幸福的。我这样说不是叫你避开恐惧，而是要以活在当下之心去理解它。几个月来，我们是时不时地生活在恐惧当中，但它不也让我们的内心更博大、深邃了吗？新的一天开始啦！我们闲适地拉开窗帘，让一抹慈悲的阳光照射进来。活在当下，无奈而智慧的人生态度，最容易盛装病情带给我们心灵的悸动。

抹　茶

你有没有这样的体会，像今天这样闲适地坐在窗前喝茶，我们还真没有过啊！

以前，我们都是喝我地盛产的龙井绿茶，是茶农在采茶季以蜻蜓点水般的采摘嫩芽制作而成，有点像年轻女子弹钢琴，有几分浪漫。我心中向来认为很美，但总觉得少了点什么。

今天我们喝的抹茶，是在茶叶疯长到最宽叶面的时候割划，每一张叶子都丰满、有韵味，像人没有遗憾。尽管都是绿茶，两种茶品表达的却是两种不同的生活和生存方式。

当下之心，我似乎更倾心于抹茶。不求生命高度，只求人生宽度，这正是抹茶的活在当下。

用　心

　　生病本身确实很沮丧，但治疗过程中令人沮丧的事总会一而再地发生。我们总会想办法去解释，但有时候，我们自己都认为这样的解释苍白无力。我们要做的事情就是接纳真相。

　　此刻，我自觉自己很重要。我用心转化邻床的思想，也转化自己，从而改变了人与人之间的关系。任何人只要能影响世界上的任何东西，他的生命就值得肯定。这也是我们一次次沮丧，又一次次快乐的原因。

谁该抚慰谁还不一定呢

　　今天，我与单位同事聊天时，她叹息自己命运如何不好，末了不忘对我说一句羡慕的话。我起初也是有接受的意思，但转身一想起我天天失眠的日子来，明确我是当之有愧的。

　　羡慕人家，都是由对人家的实际情况无知造成的。事实上，许多人是在找人安慰时才发现，人家风光的背后都是有一些辛酸，谁该慰抚谁还不一定呢！

　　生命是个谜，有时候谜就是迷惑。

　　有知的判断，确定生命的本质就是佛说的苦。我最近翻看了几年来的日记，也大段大段地回想了人生几十年来的所作所为，给我的结论是人生似乎没有什么好留恋的，那种种得上美好的东西也是少之又少。今天充满希望地在过的一天与昨天曾经满怀期待已过的一样都是毫无真正的乐趣。

　　奥勒留说：许多香灰屑纷纷落在这同一圣坛上，有的落的早些，有的晚些，但是没有什么分别。生命是迷惑，生命是用来出世的，这不仅仅是佛说。

卷九 最该做的事

题 记

我们寻找和体验快感,
必须在摧毁欲望中得到。

懂得放弃

我们人生病,是真正的"身陷困境",这是由欲望的膨胀造成。欲望是酒精,会迷惑快乐的真相,从而造成不安宁。

我们追求名望、住房和某种价值观,以性格、能力、机会的张扬来放大,原因就是恐惧自己会不存在。这就需要有摧毁欲望的勇气和智慧,这是我们最该做的事。懂得放弃这一切,是为了达到更高的精神境界,这境界里的一切更能满足人长久的需求。

那么,这摧毁就不会是非建设性的,而是成为了创造。因为我们有意识去摧毁的是表层的意识和潜意识底端的防止倾向,以及被合理化的各种安全感的需求。

刻意会造成伤害

　　人的生病像不像搞投资、做生意的人亏钱了一样呢？如果总被自怨自艾的情绪拖着走，这样很容易给心灵带来伤害。

　　我们为什么不这样想，亏钱是在为社会作慈善，或者说是在偿还以前欠下的孽债呢？

　　做经营活动，本质上是想通过刻意的行为去改变现状，结果是时不时的会把自己与一些人、集体对立起来。

　　这是愚钝又尖锐的行为，总归会造成伤害。现在，以体贴、慈悲的心怀出发，重新让我们的每个行为止于刻意，不带任何动机地生活，找到生命中最重要的东西——快乐，就不会是困难重重的了。

不耗费

我们总有这样的感觉,每次,我们在支出钱财时总有一分不安存在?

其实,这是我们对自己的所作所为不自信。这是对的,这说明我们对自己还保持着一定的警醒。

我们在慈善的事上花一些钱,事后不会追悔,原因是我们确定花得值得。装修、上馆子等就不一定了,这会和浪费、大不仁或损福联系在一起。

如果是这样,我们就从简单生活开始起步,不把自己置于费财又损福的内心冲突中。拥有不多,需要坚守的照样会少些。我们起步无论早晚,行动起来就是往积福的方向走了。

活泼与挣扎

　　生活环境与世俗保持一段距离有益内心。前几天,我回到家乡整天应酬,看似休闲实则不然,谦虚的外表下包含的是一颗很强的胜负之心。

　　整个城市在下雨,我努力不被"打湿",却是很难。难就难在心中一些本已搁置在瓶子里的花草籽,一碰到这雨天它们又长出欲望的芽苞来了。

　　早上,我们回来后马上又去参加惯常的放生活动,深感心情完全不同。与赶热闹不同,人来喧闹、人去楼空,徒有其表,放生是把许多物命留在了这里,有了一层牵挂。这种牵挂带来的喜悦我们一开始就有,至今纵然经历了几十次还是秘不可宣地存在着。

　　我把第一条鱼放入湖面的一刹那,那原本呆滞的心又活蹦乱跳起来了。我再回想这几天的生活,似乎很活泼,其实是在挣扎。

不以食为乐

从病情中觉醒的人，往往都是从饮食开始改变。英国《每日邮报》报道，美国一项新研究表明，仅仅断食两天以上，人的免疫系统就可以重启。少吃点，其实是我祖父的一句口头禅。他一日两餐，一天不超七两米，活过了93岁。孙中山说：

"中国常人所食者为淡饭，而加以蔬菜豆腐，为今日卫生家所考得为最有益于养生者也。故穷乡僻壤之人，饮食不及酒肉者，多为长寿"。

佛家讲究"过午不食"。不食不是"无食"，而是有自己的纪律。有此觉悟的人往往都不以食为乐，其实，如果说饮食科学的话，这才是真正的科学。

厌倦今天之心

以活在当下之心去过这漫长的一天,我们或许会感到无聊、乏味,会产生用一份追寻来充实的想法。

这其实也是逃避。我深切地感受到,纵使今天我有活在当下之心,但欲望照例也是存在着。今天我在家院里看枇杷树的生长,它长叶时我的心情与它被害虫啮咬时的心情完全不一样,原来是我对眼前的一草一木都怀有期望,甚至于把它和妻病、家运联系在一起。

我可能会放弃未来,但却没有真正的厌倦今天。

坏利润

人这辈子该有多少食用，冥冥之中早已有个定数，这多多少少有点宿命的味道。

许多人愤发图强积攒下许多钱财，不想瞬间没有。生病治疗，也是一件很费钱的事。

但我们大可不必为此付出而悲伤，因为我们付出的本身就是坏利润。

这当然也包括我们生病后不得不失去的名望、地位、荣誉等。当我们感觉到临了，临了，原来什么都是空的时候，我们的反思开始了，也快接近真相了。

我们要善于从无利润，甚至是亏本的事上去追求。比如慈善等，表面上看费心耗财，但贯穿功德在里面。

最后，我们一定是赚了——不是钱，而是有了充满人性的真正的生活。

放弃也是慈善

对于一个事业如日中天的人来说，患者的身份突然要他放弃许多，这确是件痛苦的事。

但我们必须明白，我们的放弃是顺应天意。老天不会制止人追求适意而有益的事，如今让疾病来束缚了，那我们肯定有事做错了。

同样，如果我们在有健康和精力作保证时懂得放弃，那就是智慧，是有大的慈悲心在里头。

世界上许多问题都无解，但一旦我们心里冒出慈善的念头就通透了。

放弃是把机会留给别人，利益面前的放弃，无论是有限还是无限都是有功德的慈善。

寂静与美

今天是雨后放晴，钱塘江畔的五云山景色美丽。我非常安静地凝视着，灵感般地把江堤望成了一幅作品的底框。但就在我伸手想抬起它时，眼前的美景不见了——一阵咸咸的海风吹进了眼里，我流出了眼泪。美是无法努力地腾挪的，任何刻意培养的行为都会改变美的本质——寂静和自然。只有自我消失，美才会存在。

我还有什么可以放弃

我每天出门时，都要问问自己："今天我有什么可以放弃的？有没有昨天本来想放弃但至今还没能做到的？"

这种思考状态是有益的，一旦成为习惯就会走出无明。我们深入地思考时，因为是与欲望反方向走，因而就不会带来干扰与异义。

不断地审视，我们会觉察到心里的细微变化，即使是昨天与今天之间都会有。

放弃的动因产生时，我们心中的执着就会越来越淡泊。我们会发现，一些很看重的东西，原来只是敝帚自珍罢了。

不费力的人生

今天一旦与佛有缘，一切都会觉得不费力。

从一个寺庙到另一个寺庙，都会因是在佛前流连而轻松自在。

一条心流潺潺的山路，一路无景，但不寂寞。

我不认为，我们是在以老旧的心智在前行，在毫不费力的情况下，我们懂得自动停下——

让快感熄灭，这本身就是有一颗年轻的心。

我们不断地前行并不想得到什么，只是想在穿越生命的原始森林时保持毫无污染的活力。

真爱有方向

　　任何一种护理都应当包括生理、心理或心智，两者结合起来，是一件美好的事。

　　我们每个人每天都要依赖一些人，像生病这种非常时期更会非常鲜明地把这些人推到身边。

　　虽然他们的关心只是平凡到嘘寒问暖，但这恰恰构成了深深的依赖关系。这很重要。

　　处于困境中的人，心都比较弱，我们从这里出发，尝试一切让其能参与进来的活动，那怕是让她看上一眼也好。这其实就是给病人一个安全感。

　　尝试各种饮食方法来辅助治疗，想告诉病人，即使碰到再大的困难，我们也不是无能为力、力不从心。至于按记忆设计一些过去饮食，更是为了让其沉浸在小时侯没有失败、没有沮丧的时光。

　　真爱很简单，但有方向。

卷十　人生成为爱好

题　记

人生成为爱好时，
　好运就来了。

隐居之心处世

　　人生病，也可以说是一种新生活的机缘的出现，我把称为换一种方式的隐居。

　　现代社会的人们想到隐居，无非是这几种情况：一功成名就、衣食无忧，想到静心练身。二遭遇挫折、困惑，找个地方抚慰心灵。三大彻大悟，超凡脱俗，高悬一颗孤傲无欲。人们远离社会，最直接的反映是害怕处世会产生伤害，这对心来说是最毒的药，却也是难以避免。人生病的原因很多，社会的伤害肯定也是一个因素，怎么办呢？那就与社会保持一段距离呗！事实上，患者的身份已经有形无形地在我们与社会之间拉了一道铁丝网。

　　我们能想到以隐居之心处世，这是一种积极的表现。每个人的病后的生活方式决定了隐居方式的不尽相同，但从心出发，听从心的召唤，干什么都朝有益于健康的方向发展却是宗旨。

竞争中保持善念

每个人都处于社会的一个点上，社会属性决定了竞争的影响在所难免。竞争造成的失衡、失态情景到处可见，不能说丑陋无比，但一定不漂亮。

对于我们刚刚还在一线工作的患者来说，竞争的阴影也是时时相随。如果真是这样，我们不妨按住自己的任何一股情绪，就以善念出发试试？马上恐惧、怨恨、嫉妒、渴望退到了一边，有意趣的美就产生了。别人哪怕是不友善、刻薄都会视而不见，即便是自己有野心也能被别人接受，或者说能与别人和平共处了。竞争中保持善念，就能得到机会保全自己。

不仅如此，你在竞争中保持善念，实际上也是对自己有了善心，它会让自己变得更好。

付出就会有回报

许多人似乎每天都活在矛盾中，而动因有时候可能仅仅是为了一点点付出。我们知道慈善是好事，具体到行动却往往又漠不关心。我们也许不知道，就是因为我们迟钝的反应已失去许多福报的机会。

英国一对夫妇差不多是同时查出患了癌症晚期，医生告诉他俩生命只有几个月。夫妻俩决定放下一切心灵的负担，卖掉房子去旅行。他们周游了世界几个月，并一路做好事付出，不仅发现体内的肿瘤在不断缩小，而且身体里产生一种非常舒服的气息。后来，医生告诉他们，这种气息是从心脏里生发出的，它正是杀死癌细胞的功臣。

喜欢付出，福报就越来越多。英国那对夫妇身上透出的那气息就是福报，是善良、仁慈、快乐的成分。赠人玫瑰，手留余香。

淳朴是爱

妻生病快两年的时间里，我并没有刻意去修炼，只是以常人的慈悲心去做好每一件与妻病相关联的事。我没有贪婪人家对我美德一类的赞评，甚至于纯粹到连思考一下的动机都没有。

许多人临到老时才明白，我们追求的东西无论曾经多么华贵，最终是淳朴的。以妻病为师让我走出无明，明白我们所谓的爱情最宝贵的并不是爱的外表、性，或其他内容，淳朴才是实相。我体悟到时，我，包括我们这些自我都已经不存在，唯一存在的是与任何经验无关的爱的淳朴。

淳朴是爱，我们感到时心里容易自伤的刻意与尖锐就会不存在了。

冲突可以重生

内心有冲突，我们已懂得心怀喜悦地去面对，这是我们两年来的大进化。

冲突大多都因琐碎事而起，引起时把握不到位往往会影响一整天的情绪。以前，我大多采取躲避的方法，结果发现问题始终存在，代价是一整段时间的无端死去。

以喜悦之心去看待冲突，情况就大为改观。原来，我以前竭力想回避的冲突里存在着许多兴奋点，我只要不斥责它们，我就能看清楚它们的真实位置，这正在我能立足的基础。

因为有所作为，总会产生一种并不想要更好的结果的心情，冲突就成了能了解与消融的一部分。

如此，以喜悦之心去面对冲突，冲突一次，仿佛就会重生一次。

垂死过程的浪漫看法

　　大约知道自己的所剩日子，优悠地反省自己已过的日子，以最后一次的心态造访一个个曾经让我们刻骨铭心的地方，读一读自己写过或者说是自己曾有心印的别人的作品，调整好心态，面对生命的消逝。

　　这是我对以后我会有的垂死过程的浪漫看法。我认为在充满爱的世界里，用这种方式接受意识的永久消失还是可能的。

　　我每次到西湖边喝茶，都会时不时地想起弘一大师谢世时的情景。大师谢世前一直陪伴他的是妙莲，他交代妙莲两件事：

　　"一、我圆寂前后助念时，看到眼里流泪，这不是留恋人间、挂念亲人，而是回忆我一生的憾事。

　　二、当我呼吸停止时，待热度散尽，送去火葬，身上就穿这身破旧的短衣，因为我福气不够。遗体停龛时，要用小碗四个，填龛四脚，盛满了水，以免蚂蚁闻臭味走上。应逐日将龛水加满，以防蚂蚁又爬上去，焚化时损害了蚂蚁的生命。"

　　人生慈悲如此，真大师也。

相爱是美好，相处也是美好

傍晚，与妻到故乡水库散步，眼望曾经青春荡漾的湖面，现因过冬、捕鱼而变得只剩下一滩烂泥的时候，我意识到，我们的人生也已经历了两个时期。

我看到我们的生命里已经植入了一样东西——那就是坚持、互化后的相互需要。这和当初单纯的爱有关，但已不仅仅是爱，而已成为真正深入骨髓的浃肌沦肤的稳定。

稳定要比激情更重要。稳定对内心的改变，就是对方已拥有真正关切对方的真心和意愿，并且有为对方每天每次改变一点的坦承和勇气。

相爱是美好，相处也是美好。

好运是爱

人的运气有好坏之分。星云大师说,好运来临有七大征兆,其中心情为首兆。

今天,妻驾车到机场接女儿回国时出现轻度腹泻,因心情好,我们就把它视作人体机能的自愈。

人类经过一百多万年的进化,身体已接近完美的程度,拥有不可思议的自愈能力。我们要做的就是爱护它,并懂得它也是爱的一种方式。

以前,我们总认为给身体灌输一些自以为有益的东西是爱护自己的身体,殊不知,这种行为往往是一种所谓的营养"圣经"在指导,结果是困惑一个接着一个。

今天,我们因为心情好,碰到轻度腹泻时没有沮丧的念头,而是欣喜地联想到这是人体的自愈,这样就与好运相交集了。

好运是爱,需要真心去对待。

没有了寂寞

我们成为患者后,每天生活的半径有意识地收缩,一些本来乐此不疲的事也是无心去做了。生活似乎变得简单的时候,寂寞会不会产生?没有。

有了崇尚简单生活的追求,我们已经完全能从有限的生活细节中发现新意。比如,读书、散步,最简单的事情因我们认为它有意义,而能像别人做大事一样用心去做,心里就会偶有所得。

事实上,世上的事无论大小,但如果有心的体验,意义是一样的。所谓的寂寞,就是人在偏执的时候才会发生。

专属领地

每次在"热情"、"空寂"这两个词间盘桓时,总会联想到郊墅小区内的一条小路。我们在妻生病后住过来时,这条林荫道上散步的人极少,像是我们的专属领地。

喜欢热闹的妻子却一直耿耿于怀,遗憾无人同行。我曾举了放生时的一个例子说明之:那天,组织方买了很多鱼,由于放生人少拖延了很长时间。这时有人向江岸上一帮正在看风景的人呼唤,希望他们能发善心下来帮忙,结果是无人响应。

近来,这条路上来往的人却突然多了起来,这是妻最想看到的结果。傍晚,我们充满热情地在小径上走,在不希望时遇到了熟悉与不熟悉的人,包括他们牵着的猫和狗。这是没有设定期待、没有贪婪强迫的结果。几滴小雨毫无征兆地打在我们的脸上,它也是不请自来的。像这条小径上的人,我们要真正觉知他们,头脑中必须对他们不存妄念。

充沛的热情,空寂的心。

未来的开端

妻昨晚就把今天该做的几项工作排列好，像她生病前的那样准备一早就去上班了。所不同的是，她的心境（包括我）跟两年前已完全不一样。我们还是一个患者，但我确信，我们已有自信与智慧去面对未来。

未来还是一样的不可思议，无法度量，我们今天能展望的都是心智凭经验所想象的，到底怎样，只有靠我们一天天地去验证了。

我们的今天是昨天的未来，明天只能在心静下来后去完成。未来的开端，开始就需要空寂之心——这瞭望未来的法器。如此说来，连信仰也仅仅只是未来的一部分了。

但是，想想以往，也已是无数朝代相嬗递，我可以展望的将来，也还会是这个样子。生命只要在轮回中，过现在的一百年与过一万年后的一百年本身不会有大区别。那么未来，不就是当下吗？

当下，才是一切的开端。

图书在版编目（CIP）数据

醒了，睡了：一个重患家属的心护日记 / 上国人著.
-- 北京：人民日报出版社，2016.5
ISBN 978-7-5115-3816-1

Ⅰ.①醒… Ⅱ.①上… Ⅲ.①人生哲学—通俗读物
Ⅳ.① B821-49

中国版本图书馆 CIP 数据核字 (2016) 第 097400 号

书　　名：	醒了，睡了：一个重患家属的心护日记
著　　者：	上国人
出 版 人：	董　伟
责任编辑：	宋　娜
联系方式：	（010）65369521
封面设计：	主语设计
出版发行：	人民日报出版社
社　　址：	北京金台西路2号
邮政编码：	100733
发行热线：	（010）65369527　65369846　65369509　65369510
邮购热线：	（010）65369530　65363527
网　　址：	www.peopledailypress.com
经　　销：	新华书店
印　　刷：	北京朝阳印刷厂有限公司
开　　本：	710mm×1000mm　1/16
字　　数：	160 千
印　　张：	10.25
印　　次：	2016 年 5 月第 1 版　2016 年 5 月第 1 次印刷
书　　号：	ISBN 978-7-5115-3816-1
定　　价：	38.00 元